Die neue Sachlichkeit in Deutschland

Emilio Bertonati

Schuler Verlagsgesellschaft München

Abbildungen auf dem Schutzumschlag
Oben: Otto Dix, *Schützengraben in Flandern,* 1934—1936,
Staatliche Museen Preußischer Kulturbesitz, Berlin (Ausschnitt)
Unten: Carl Grossberg, *Papiermaschine,* 1934, Privatsammlung, Mailand (Ausschnitt)
Die Originalausgabe erschien 1969 unter dem Titel ›Il Realismo in Germania‹
im Verlag Fratelli Fabbri Editori, Mailand

ISBN 3-7796-5032-0

Aus dem Italienischen von Linde Birk
Satz: Krüger-Druck, München
Druck und Bindung: Fratelli Fabbri Editori, Mailand
Printed in Italy

Unverstandener Realismus

Wenn man die in jüngerer Zeit in Deutschland erschienenen Bücher über zeitgenössische Kunst betrachtet, so überrascht, welch geringes Interesse der hier entstandene Realismus noch bis vor wenigen Jahren fand. Dies ließe sich in anderen europäischen Ländern noch eher rechtfertigen, wo die Rückkehr zu einer Kunst der realistischen Darstellung mehr ein ›Ruf zur Ordnung‹ als eine wirkliche Auseinandersetzung mit den Problemen der Zeit war und wo sie auch nicht so starke Verbreitung fand wie in Deutschland. Im Gegensatz zum Expressionismus, der ein Phänomen nur weniger Städte blieb, berührte der Realismus von Berlin bis Dresden, von Stuttgart bis Karlsruhe, München, Düsseldorf, Frankfurt und Halle fast ganz Deutschland.

In den wichtigsten in der Bundesrepublik erschienenen Werken über zeitgenössische Kunst nur mit wenigen Worten abgetan, wurde dem Realismus in der DDR größeres, allerdings stark politisch gefärbtes Interesse zuteil. Dieses Interesse für den Realismus sollte jedoch nicht allein aus indirekten Gründen motiviert werden, denn es haben sich z. B. Ähnlichkeiten mit dem nordamerikanischen Realismus gezeigt, der in seinem Land ja sehr viel höheres Ansehen genießt. Der Realismus kann sehr wohl einzig seinem inneren Wert nach beurteilt werden, wozu allerdings, vor allem in Deutschland, die verschiedenen Vorurteile abgebaut werden müssen, die entweder die Sprache der ›Avantgarde‹ sprechen oder in zweierlei Richtung politisch sind. Auf der einen Seite wird er nämlich als ›bolschewistisch‹ und ›antigermanisch‹ verunglimpft und auf der anderen als Anachronismus angesehen, der direkt zum Pseudorealismus der Nazikunst geführt habe. Auch die Theorie, daß die bei einigen dieser Maler spürbare ›Intimität‹ eng verwandt mit dem kleinbürgerlichen, vom Nazismus gepflegten Glück sei, ist allzu vereinfachend. Wenn es dafür einen Beweis braucht: Schrimpf, der typischste Vertreter dieser ›Intimität‹, war politisch so aktiv, daß er wegen seiner Beteiligung an den Münchner revolutionären Umtrieben (1918) ins Gefängnis kam. Äußerstenfalls ließe sich im strengen ›Renaissance‹-Architekturstil der Bilder von Carlo Mense jene Verbindung von Heldentum und Gefolgschaft erkennen, die Moeller van der Bruck in seinem Buch ›Der preußische Stil‹ insbesondere in bezug auf die Bauten Gillys oder Schinkels als notwendig für den Kriegsgewinn erkannte. Erst der Nazismus setzte das ganze Nibelungeninstrumentarium ein, mit dem der Ex-

pressionismus glücklicherweise nichts zu tun gehabt hatte. Aber die Berufung auf die Tradition auch von seiten der Künstler des ›rechten Flügels‹ ist sehr weit entfernt von der Auffassung Massimo Bontempellis, der sich 1926 für einen ›Magischen Realismus‹ aussprach, um Mythen einer neuen Epoche zu schaffen und so die klassische und die christliche Epoche zu überwinden.
Der Realismus zeigte allerdings einige ethisch-philosophische Aspekte, die politisch durchaus zweideutig waren: die grenzenlose Bewunderung Nietzsches und eine übertriebene Strenge der moralischen Haltung. Den Zusammenhang zwischen der Wiedererlangung des objektiven Faktors in der Malerei und dem politischen Handeln hatte bereits Franz Roh in seinem Buch ›Nachexpressionismus – Magischer Realismus‹ erkannt: ›Man setzt ein Kristall dem Licht aus und wundert sich, daß es nicht ‚schmilzt', daß es nicht verändert zu werden braucht, sondern daß ihm eine kleine Frist in der Ewigkeit gewährt ist. Aus demselben Gefühl heraus empfindet man die Notwendigkeit von Normen, ethischen, politischen – sowohl rechts- wie linksgerichteten – Gesetzen. Und das rührt nicht von einer allgemeinen Trägheit her, sondern von der Ahnung, daß der Lebensanstoß (jener Lebensphilosophie der vorherigen Generation) uns nicht retten kann.

Diese phänomenologische Überprüfung der Wirklichkeit veranlaßt die Künstler, politisch eindeutig Stellung zu beziehen, und zwar auf der ganzen Skala, die von der kommunistischen Einstellung Grundigs über die demokratische Radziwills bis zur nazistischen Zieglers reicht. Im allgemeinen jedoch schließen sich fast alle Maler den Organisationen der äußersten Linken an. Viele von ihnen nehmen aktiv an revolutionären Ereignissen teil: Griebel tritt 1919 in die KPD ein, nimmt an der Niederschlagung des Kapp-Putsches teil, spielt eine Rolle bei den verschiedensten Aufständen in Mitteldeutschland und organisiert 1923 einen revolutionären Ausschuß. Viele arbeiten mit Zeichnungen und Artikeln an politischen Zeitungen mit, wo sie vor allem ihre Funktion als Künstler zu definieren versuchen. Von diesen Artikeln blieb jedoch wegen der späteren nazistischen ›Säuberungsarbeit‹ und durch die Tatsache, daß die meisten Künstler später ihre politische Einstellung revidierten, nicht viel erhalten.
Kaum hatte der Realismus etwas Fuß gefaßt, zeigten sich auch schon die ersten Reaktionen: Einerseits befürchtete man die Schwächung des Expressionismus, der gerade in jenen Jahren seinen Provinzialismus zu überwinden begann (vor kurzem war das Buch von Bahr erschienen, und vor allem war es dem Frankfurter Kaufmann Ludwig Schames gelungen, die Bewegung so zu lancieren, daß die Preise ums Zehnfache stiegen), andererseits trieben die avantgardistischen Phänomene auf europäischer Ebene die Polemik über eine angeblich bei den Realisten nicht vorhandene Aktualität voran, die noch nicht einmal wußten (und dasselbe wiederholte sich im Antagonismus Realismus–Abstrakte Malerei nach dem Zweiten Weltkrieg in Italien), was Wassily Kandinsky 1912 geschrieben hatte: ›Die Formen, die der Geist für die Befreiung aus der Materie gewählt hat, lassen sich leicht zwischen zwei Polen einordnen. Diese beiden Pole sind: 1. die große Abstraktion; 2. der große Realismus. Zwischen diesen beiden Polen gibt es viele mögliche Verbindungen zwischen dem Abstrakten und dem Realen. Diese beiden Elemente hat es als das ‚rein Künstlerische' und das ‚Objektive' in der Kunst immer gegeben. Das erste drückte sich im zweiten aus, und das zweite diente dem ersten. Ein unstabiles Gleichgewicht, das nur scheinbar vollkommen war, versuchte, den Gipfel des Ideals zu erreichen ...‹
Der große, im Entstehen begriffene Realismus, von dem die Rede war, versuchte, die oberflächlichen Elemente der Kunst aus dem Bild auszumerzen, um dem Inhalt des Werkes durch die einfache (›nicht künstlerische‹) Reproduktion des nackten und rohen Objektes Form zu geben. Diese Art, die äußere Hülle des Objektes im Bild festzuhalten und dabei auch der Schönheit keine Bedeutung mehr zu geben, zeigt die tiefe Absicht, die dahintersteht. Gerade durch die äußere Hülle nämlich, durch die Reduzierung des ›künstlerischen‹ Elementes auf ein Minimum, wird die ›Seele‹ des Objektes mit der größten Intensität spürbar, denn die verführerische Schönheit kann nicht mehr ablenken ... Das auf ein Minimum reduzierte ›künstlerische‹ Element hat ein Maximum an abstrakter Wirkung zur Folge.

Im Gegensatz zu diesem Realismus steht die große Abstraktion, die die figurative Darstellung (die Wirklichkeit) abschaffen will, um dem Inhalt des Werkes in ›immateriellen‹ Formen Ausdruck zu verleihen. Das abstrakte Leben der auf ein Minimum reduzierten objektiven Formen in einem Bild festzuhalten — d. h. ein deutliches Übergewicht der abstrakten Einheiten — wird von dieser Richtung angestrebt. Und so wie beim Realismus die innere Aussage durch die Abschaffung des Abstrakten verstärkt wird, so wird umgekehrt im Abstrakten diese Aussage durch die Abschaffung des Realen verstärkt: auf der einen Seite die angenehme äußere Schönheit und auf der anderen der gewöhnliche Objektbezug.
Zum ›Verständnis‹ dieser Art von Bildern ist dieselbe Befreiung nötig wie im Falle des Realismus, d. h., es muß auch hier möglich sein, der Welt ›zuzuhören‹, ohne irgendeine auf Objekte gestützte Interpretation. Nicht die abstrakten Formen selbst (Linien, Flächen, Flecken usw.) sind in erster Linie wichtig, sondern ihr innerer Klang, ihr Leben — wie im Realismus nicht das Objekt selbst oder seine äußere Hülle das Wichtige ist, sondern sein innerer Klang, sein Leben. ›In der Abstraktion entspricht das auf sein Minimum reduzierte objektive Element einem Maximum an Wirksamkeit des Realen.‹ Und am Ende sehen wir: Wenn uns im großen Realismus das Reale bemerkenswert groß und das Abstrakte bemerkenswert klein erscheint, während uns in der großen Abstraktion dieses Verhältnis umgekehrt erscheint, so deshalb, weil diese beiden Pole in letzter Instanz austauschbar sind: Realismus = Abstraktion, Abstraktion = Realismus. ›Die größte äußere Verschiedenheit wird zur größten inneren Identität.‹ Und schon vorher hatte Kandinsky geschrieben: ›Man muß feststellen: was am meisten zählt, ist nicht die Frage, ob die Form persönlich, national, im guten Stil ist, ob sie dem Hauptstrom der Epoche entspricht oder nicht, ob sie Affinität mit vielen anderen Formen hat oder mit wenigen, ob sie vollkommen isoliert ist oder nicht. Was am meisten zählt beim formalen Problem, ist, festzustellen, ob die Form aus einer inneren Notwendigkeit entstanden ist oder nicht.‹
Tatsächlich hatten sich die ›inneren Notwendigkeiten‹ in Deutschland seit einigen Jahren tiefgreifend verändert, und wenn sich dies bereits in einigen Ausläufern des Expressionismus (die Gruppe der ›Pathetiker‹) zeigte, so hatten die Gedanken in den Schützengräben, die tägliche Todesgefahr, die Niederlage, die politischen Umschwünge, Hunger und Inflation endgültig alle Interessen darauf gerichtet, ›den Abgrund zwischen Wirklichkeit und Ideal‹ (Gropius) irgendwie zu überwinden. Während ein Teil der Künstler zur Unterstützung der 1919 ausgerufenen schwachen Republik bereit war, so sahen die meisten von ihnen doch die Gefahren einer äußerst provisorischen Lage. Sie gaben sich mit den allgemeinen Programmen der Novembergruppe nicht mehr zufrieden und begannen, theoretisch zu arbeiten. Die Unterzeichnung eines ungerechten Friedensvertrages hatte sehr ernste Folgen: Die Rechte stimmte einen Chor der Entrüstung an, ›und die Ereignisse folgten einander mit einer unerbittlichen Logik. Bald schon bildete sich das Reich aus der parlamentarischen Republik in eine Präsidialrepublik um. Ihre soziale Entwicklung in einer unsicheren politischen Lage führte zu einer Krise ungewohnten Ausmaßes und flößte den Massen der Kleinbürger und des Proletariats, nachdem sie sie ins Unglück gestürzt hatten, mit einer wahnsinnigen Propaganda die Sehnsucht nach dem von der Vorsehung geschickten Mann ein.‹ (Vermeil)

Revolution und Mystizismus

In den ersten Nachkriegsjahren entwickelte Kurt Hiller mit seinem Kreis das Konzept einer wirklichen Politisierung der Kunst weiter: ›In ihren Aufsätzen war das ‚neue Pathos' als Zeichen der Würde des ‚Geistes' zu spüren, und der gepriesene Geist der Expressionisten, der in Form und Motiven so ganz anders war, hatte als allerdringlichste Aufgabe die Wirklichkeit zu verändern‹ (Mittner). Aber nur ganz wenige der realistischen Maler standen den bewußten, aktivistischen Expressionisten nahe. Viele von ihnen fühlten sich vielmehr, obwohl sie die revolutionäre Sache mit echter Leidenschaft zu der ihren machten, als Fremde unter den Arbeitern.
Sehr entscheidenden Einfluß auf die jungen Künstler hatte auch der Dichter und Dramatiker Toller (›Er hatte im Gefängnis begriffen, daß für die Arbeiter zu leiden nicht so schwierig ist, wie mit ihnen eine Zelle zu teilen . . .‹) mit seinem Versuch, in der Arbeiterrevolution

einen Neomystizismus zu entdecken. In seinem Drama ›Maschinenstürmer‹ aus dem Jahre 1920 hat der Sprecher der Arbeiter ein Gesicht, das an Christus erinnert, und er wird von der Menge umgebracht, die ihn als Verräter ansieht, weil er keine Gewalt anwenden will. Bezeichnend war, wie Ingrid Schulze in ihrer Dissertation (Universität Halle) ausführt, der Eindruck, den diese Ideen bei dem Maler Karl Völker hinterließen. In seiner Wut und Verzweiflung über die Niederschlagung der Münchner Räterepublik 1919 kreiste seine Phantasie jahrelang um die Hinrichtungsszenen an der Gefängnismauer von Stadelheim. ›Völker verband seinen Abscheu mit Bildern aus der religiösen Erfahrungswelt ... es ist kein Wunder, daß auf fast allen seinen Hinrichtungsbildern Christus als Rebell zu sehen ist‹. Auf einer Zeichnung aus dem Jahre 1920 ist der letzte Augenblick vor der Erschießung festgehalten, in dem plötzlich ›... Christus hinter der Mauer erscheint und seine überdimensional großen Hände emporreckt, um seine Stigmata zu zeigen‹. Auf einer anderen Zeichnung ›verkörpert Christus die leidende Menschheit, die Schußwunden auf der Stirn, und die Stigmata sollen bedeuten, daß er sich mit den Getöteten identifiziert‹; auf einem weiteren Bild, auf dem er inmitten der Jünger erscheint, ›glänzt über seinem Kopf der Sowjetstern‹, und ›sein Gesicht hat Ähnlichkeit mit den Gesichtszügen Lenins‹.

Daß diese Pilgerreise in die ›Wirklichkeit‹ noch als ›mystische Pilgerreise‹ verstanden wurde, geht aus den Worten Max Hermann-Neisses hervor, der 1917 in den ›Weißen Blättern‹ in Zusammenhang mit den im selben Jahr in Zürich erschienenen Holzschnitten von Schad schrieb: ›Die beste Malerei sucht auch heute den einzig möglichen Weg des Heils in den Sternen ... wie jede echte und tiefe Kunst sich so weit reinigt, daß sie zu einem messianischen Akt wird, der das eigene Schicksal erträglicher macht ... Zwischen dem Dorngestrüpp tut sich ein Weg auf zu dem magischen Gott ... und der ganze Schrecken und die ganze Zerrüttung der Cafés und nächtlichen Leidenswege recken in einer unaufhaltsamen Bewegung die Flügel nach dem Kreuz aus.‹

Auf diesen Weg begibt sich auch Magnus Zeller, 1888 in Biesenrode geboren. Eine von ihm gemalte ›Kreuzigung‹ erregte damals die Gemüter, weil sie keinen historischen Bezug zeigte. Bestimmte formale Vereinfachungen bei ihm ließen an Barlach denken (*Feldarbeiter*, 1923, Sammlung Yale Société Anonyme). Später gelangt er zu einer lyrischen Malerei, in der häufig der phantastische Bezug Vorrang hat. In diesem Zusammenhang ist ebenfalls Lesar Segall (1891–1957) zu erwähnen. Verwandt mit dieser Konzeption einer Vermischung von revolutionären politischen Elementen und mystischer Verzückung ist auch die 1918 in München von Kurt Wolff verlegte Sammlung von 25 Holzschnitten Franz Masarels *Die Passion eines Menschen*.

An der Kontinuität der expressionistischen Farbgebung, aber auch in der totalen Überwindung jeder mystifizierenden Komponente steht der Maler Felixmüller einzig da. Bei seinem Gemälde *Der Selbstmord des Dichters Walter Rheiner* (Tafel 2) aus dem Jahre 1925 sind Aufteilung und Farbgebung noch ganz der vorhergehenden Schule verpflichtet. Der Mann aber – dargestellt im Augenblick, in dem er sich ins Leere fallen läßt – ist umgeben von der fahlen Vision eines nächtlichen Stadtbildes, die mit inhärenter und objektiver Dramatik von den einzelnen elektrischen Lichtern ausgeht.

›Neue Sachlichkeit‹ und ›Magischer Realismus‹

Der bis jetzt hier gebrauchte Terminus Realismus ist historisch gesehen vielleicht der richtigste, weil er außer unabhängigen Situationen auch jene neue Malerei umfaßt, die mit den Begriffen ›Neue Sachlichkeit‹ und ›Magischer Realismus‹ umrissen ist und in den Kritikern Hartlaub und Roh ihre größten Theoretiker gefunden hat. Der Begriff ›Neue Sachlichkeit‹ geht zurück auf eine Ausstellung, die Hartlaub 1925 in der Mannheimer Kunsthalle organisierte und auf die noch weitere dieser Art folgten. Aber man hätte genausogut den Begriff ›Neue Sachlichkeit‹ generell verwenden können, schon weil er in jener Periode am verbreitetsten war und über die Malerei hinaus auch die Literatur erfaßte; nur hat dieser Begriff einen Beigeschmack von ›Unempfindlichkeit‹, der nicht auf alle hier vorgestellten Künstler zutrifft. Da diese Bezeichnung auf jene Ausstellung Hartlaubs zurückgeht, stellt sich außerdem das Problem, wie Künstler, die an dieser Ausstellung nicht beteiligt waren

— etwa Querner, Völker, Wollheim, Hoerle —, dann einzureihen wären.
Dasselbe gilt im Grunde für den etwas weniger verbreiteten Begriff des ›Magischen Realismus‹, mit dem Franz Roh diese künstlerische Konzeption definierte und der — nach einem mündlichen Zeugnis Davringhausens — zum erstenmal bei einer seiner Ausstellungen 1922 in München aufkam, und zwar in Zusammenhang mit seinem in jenem Jahr entstandenen Gemälde *Spielendes Kind*. Dieser Begriff ist jedoch zu einseitig, denn einmal davon abgesehen, daß er zweifellos italienischen Ursprungs ist (ich beziehe mich auf die Ausführungen Alberto Savinios aus dem Jahre 1918 mit Hinblick auf seinen Bruder Giorgio de Chirico: ›Er geht über das Objekt hinaus, er entblößt die metaphysische Anatomie des Dramas. Er ist der moderne Maler, aber genauer noch: der moderne Magier!‹), war und ist er auch heute noch mißverständlich in bezug auf gewisse surrealistische Bedingungen, die einigen dieser Künstler häufig zugeschrieben werden. Wenn nämlich bei einigen zwar phantastische Ansätze vorhanden sind, so haben diese gewiß weniger mit dem Surrealismus zu tun, sondern sind eher eine Anknüpfung an die in der großen Tradition der deutschen Kunst immer vorhanden gewesene Darstellung der ›Wirklichkeit der Seele‹.
Die Dynamik der italienischen futuristischen Schule, die in Deutschland durch die Ausstellungen des ›Sturm‹ bekannt wurde (die erste große Ausstellung fand im April 1912 in Berlin statt), wird aufgenommen und dadurch umgekehrt, daß eine dramatische Situation durch den Filter der inneren Emotion gesehen wird.
In den ersten Nachkriegsjahren machte die Gruppe der ›Pathetiker‹ (Meidner, Steinhardt und Janthur), die in derselben Galerie ausgestellt hatten, ihren Einfluß noch in der Entwicklung eines spezifischen kubistisch-futuristischen Expressionismus geltend. Dabei handelt es sich aber nicht mehr um die angsterfüllte Vision des Menschen angesichts des verlorengegangenen Willens, zu den Ursprüngen zurückzukehren, sondern um eine dialektische Beziehung mit einer genau definierten Umwelt: die Stadt, der Krieg, der politische Kampf und ein entscheidender Wille, in die Wirklichkeit einzugreifen, ohne daß dafür allerdings ein verbindlicher Weg aufgezeigt würde. Das Interesse für die Umwelt ist in den Gemälden Meidners und Steinhardts deutlich zu spüren, doch hat sich bei ihnen nur der Interessenpol verschoben, und diese Wirklichkeit wird noch durch die Angst und innere Entfremdung überlagert. Mag sich Meidner auch in der Farbgebung auf manchem seiner Bilder von seinen Zeitgenossen unterscheiden, so ist seine Sprache dennoch typisch expressionistisch: breiter welliger Pinselstrich, fehlendes Detail. Und in seinen ›apokalyptischen‹ Visionen, in denen Städte und Dörfer von imaginären Erdbeben zerstört werden, wird die Symbolik der Zerstörung als Katharsis ganz deutlich, aus der dann die erneuerte Menschheit wiederaufersteht.
Es läßt sich aber bei den Pathetikern eine Rückkehr zum psychologischen Porträt erkennen, die es bei den anderen Expressionisten nicht gibt. Bei den wenigen bekannten Porträts findet man außer bei Kokoschka selten eine Brücke, die eine Verbindung zur Persönlichkeit der dargestellten Person verkörpern könnte. Auch bekannte Männer wie Ludwig Schames oder van de Velde bleiben uns in der Darstellung Kirchners fremd.

Die ›Politisierung‹ der Kunst

Damit wird die These der deutschen Kritik gestützt, daß es sich damals um eine Vielfalt von ›Expressionismen‹ gehandelt hat; auch Künstler wie Marc, Walden und Schreyer sprechen dafür. Chiarini schreibt: ›Auch in die so wenig engagierte Handschrift Franz Marcs schleicht sich eine Ausdrucksweise ein, die in unserer Epoche, einer Epoche der großen Kämpfe für eine neue Kunst, schon politisch ist. Wir kämpfen wie Wilde und nicht wie Organisierte gegen die alte und organisierte Macht‹ (›Die Wilden Deutschen‹, in ›Der Blaue Reiter‹, München 1912). Und weiter: ›Auch die von einem ausdrücklichen Willen zum Engagement am weitesten entfernte und grundsätzlich jeder nur andeutungsweise ‚politischen' Qualifikation abholde Tendenz des Expressionismus — also die vom ‚Sturm' und seinem Vorkämpfer Walden vertretene — mußte zwangsläufig mit den ihr angemessensten und kongenialsten Mitteln auch dort landen.‹
Obwohl sich für Walden zum Beispiel die künstlerische Produktion in letzter Analyse mit der Darstellung eines

inneren ›Erlebnisses‹ identifiziert, das sich genetisch vom Existenzprozeß unterscheidet, enthält die komplexe Operation, durch die sich das Leben Schritt um Schritt als eine Einheit von Strukturen und ›Momenten‹ entfaltet, etwas Künstlerisches, Kreatives. Und in diesem Sinne kann auch die Kunst (obwohl ›unmenschlich wie Gott‹, da ihr semantischer Horizont ›weder bedeutend noch unbedeutend, sondern halbbedeutend ist‹), mit ihrer Begeisterung für das ›organische‹ Moment, in die praktische Sphäre nützlich einwirken, und Walden kann schließen: ›Deshalb helft, Künstler der Erde, dem Leben Form zu geben.‹

Ganz ähnliches spricht aus den Worten seines engsten Vertrauten Lothar Schreyer, der erkennt, daß die Menschheit in eine schmerzliche Phase ihrer Geschichte geraten ist, sich aber an der Schwelle zu einer neuen Welt befindet. Einerseits ›können wir nicht mehr in den alten Wertbegriffen fühlen und denken‹, denn ›neue Werte bilden sich in uns‹, während andererseits ›alte Werte neue Bedeutung erhalten und die neue Energie in ihnen neue Energie hervorbringt‹. In einer solchen Werterneuerung, in der sich ›die Mühe der allgemeinen Regenerierung‹ widerspiegelt, glaubt Schreyer, einer Situation wieder Sinn zu geben, in der die Bewußtwerdung der Wirklichkeit, gereinigt durch die künstlerische Katharsis, sich in diesem Schmerz ›mit den Dingen‹ identifiziert.

Genau diese Problemstellungen führten Walden und Heinrich Vogeler schließlich in die Sowjetunion. Vogeler hatte sich zu der Zeit schon vom melancholischen Stil Worpswedes losgesagt und sich in einen heftigen politischen Kampf gestürzt. Ständig verfolgt und schließlich sogar in die Heilanstalt eingeliefert (er hatte sich erdreistet, Briefe an Wilhelm II. zu schreiben), gründete er 1919 eine Arbeiterkommune in Barkenhoff, die später für viele verfolgte Politiker zum Versteck und ein Heim für die Kinder der Arbeiter wird. 1923/24 leitet er eine Arbeiter-und-Bauern-Universität; die damals entstandenen Plakate behandeln in einem besonderen symbolistischen kubistisch-futuristischen Stil nur politische Themen; allerdings läßt die Qualität dieser Arbeiten bei aller Bewunderung für die Identität von Mensch und Künstler nur mit Wehmut an seine Jugendbilder denken.

Dieser Versuch, wenn auch in den Grenzen, die durch die Mystifizierung auferlegt sind, in die Politik einzugreifen, ist in dieser Ausrichtung des späten Expressionismus deutlich erkennbar. Ähnliches, wenn auch vielleicht nicht so konsequent, ereignet sich bei jener Gruppe von dadaistischen Künstlern, die im Bemühen, aus dem von Trotzki so genannten ›Bankrott der modernen Kunst‹ herauszufinden, in Zürich, Paris, New York und Berlin sehr aktiv tätig war. In ihrem 1919 veröffentlichten ›Manifest der radikalen Künstler‹ erklären sie: ›Es muß eine klare und gemeinsame Ansicht herrschen, wenn man über weitreichende Fakten entscheidet. Wir fordern geistig und materiell, was uns zusteht: Als Vertreter eines wesentlichen Teils der Kultur möchten wir Künstler an der ideologischen Entwicklung des Staates teilnehmen. Wir wollen im Staat existieren, an seinem eigentlichen Leben und allen entsprechenden Verantwortungen beteiligt sein. Wir stellen fest, daß die Gesetze der Kunst unserer Epoche in großen Zügen schon formuliert sind. Der Geist einer abstrakten Kunst stellt eine gewaltige Erweiterung für das menschliche Freiheitsbedürfnis dar. Wir glauben an eine brüderliche Kunst, an eine neue Aufgabe der Kunst in der Gesellschaft. Die Kunst verlangt Klarheit; sie muß dem neuen Menschen als Grundlage dienen, sie muß ohne Klassenunterschiede allen gehören.‹

In diesem Programm wird der Akzent auf eine Situation gelegt, die in einigen Jahren eine ganze Reihe von Widersprüchen zur Folge gehabt hätte. Wenn man auf der einen Seite in der abstrakten Kunst, in deren deutlicher Betonung der individuellen Freiheit im antiautoritären und antibürgerlichen Sinne, die Kraft eines außerordentlich revolutionären Elementes sah, so wurden andererseits genau von den realistischen Künstlern die Elemente der Ablenkung von den sozialen Problemen, die eine viel dringendere und direktere Intervention verdienten, übernommen. Es ist hervorzuheben, daß die abstrakte Kunst von vielen, die glaubten, eindeutig antiexpressionistisch zu handeln, während sie im Gegenteil den Expressionismus nur fortsetzten, als die Fortsetzung des hoffnungslosesten und rhetorischsten Teils der vorangegangenen Schule angesehen wurde. In beiden Lagern werden deutlich die Konzeption eines Rudolf Schlichter, der in der abstrakten Kunst eine deshumanisierende Funktion sah, und die eines Rudolf Bauer, der in einem ausgeglichenen Geometrismus das Emblem einer natürlich-politischen ›antibolschewistischen‹ Ordnung erblickte. Die Befürchtungen des Augenblicks, der immer radikalere Machtkampf, die Angst um die Zukunft (im Januar 1919 wurde die Deutsche Arbeiterpartei gegründet; am 12. September wurde Adolf Hitler in die Partei aufgenommen, der dann im Februar 1920 der Partei die zusätzliche Bezeichnung ›nationalsozialistisch‹ gab) ließen sehr viele der jüngeren Künstler die Unzeitgemäßheit des Expressionismus erkennen und führten dazu, daß sie sich in einer bis dahin in Deutschland nie erlebten Weise mit härtester Kritik zunehmend in das politische Leben einmischten. Vor diesem Hintergrund erscheint das Programm der großen ›Novembergruppe‹, die die avantgardistischen Künstler vereinte, zweideutig. Sie berief sich, zwar mit engerer Einbeziehung der Volksmassen, auf eine über allem schwebende Einheit der Künste unter der Oberherrschaft der Architekur. Bruno Taut wünschte in seinem ›Programm für die Architektur‹ die Beteiligung von Malern und Bildhauern an allen Bauten, um sie von der ›Salonkunst‹ abzubringen; dabei konnte in einer Kampfsituation das Heil unmöglich von der Architektur kommen. Der einzige, der den Widerspruch einer ›Einheit der Künste‹ in jenem historischen Augenblick begriff, war der Maler-Architekt Karl Völker, der die rationalistische Lektion in eine klardurchdachte soziale Architektur umsetzte und eine kritische, politisch engagierte Malerei hervorbrachte.

Der Dadaismus, der schon in anderen Ländern mit der Absurdität seiner Aufgabe eine entweihende Funktion hatte, geriet in Deutschland mitten hinein in den Kampf: Die Collage, die in anderen Ländern höchstens einen protosurrealistischen Überraschungseffekt bieten kann, wird hier zu einem Ensemble entlarvender, anklagender Dokumente. Es ist daher nicht verwunderlich, daß die meisten Künstler, die später Protagonisten des veristischen Realismus wurden, in den Jahren 1916 bis 1920 die Elemente einer kubistisch-futuristischen Sprache im ›pathetischen‹ Sinne und des Dadaismus der soeben beschriebenen Art annahmen.

Nach einer spätimpressionistischen Jugendperiode entwickelt Otto Dix mit der Beschreibung eines in allen seinen furchtbaren Verwirrungen erlebten Krieges einen kubistischen Futurismus-Stil. Sein Werk *Prager Straße* stammt aus dem Jahre 1920. Hier hat die Collage eine beschreibende Funktion in der Versinnbildlichung eines Schaufensters mit orthopädischen Geräten, die den Gegensatz zu den sich auf dem Vordergrund des Bildes über den Asphalt schleppenden zwei Kriegsversehrten betonen sollen. Auf der Fotografie, die von dem Bild *Barrikaden* aus dem Jahre 1920 nur noch erhalten ist, soll die Collage eine Reihe von Objekten und Reproduktionen definieren (›bürgerliche‹ Gemeinplätze der klassischen Kunst und der religiösen Bilder). Ein Laokoon, eine Kreuzigung, eine Kreuzstichstickerei stützen ein Maschinengewehr in Funktion und den Kopf eines tödlich getroffenen Matrosen. Auf dem Bild *Alma* aus dem Jahre 1921 ist die dargestellte Person von einer Collage umgeben, die, wohl in der Absicht, Persönlichkeiten und Ambitionen zu definieren, eine Reihe von Episoden darstellt.

Die Anwendung einer Kompositionsmethode mit einer solchen Absicht ist bei vielen Malern jener Jahre verbreitet: die Zeichnung steht im Vordergrund, die Figuren sind größer oder kleiner, ohne jede perspektivische Konstruktion, ihre Dimension wird von den Maßen der Zeitungsausschnitte bestimmt. Das Bild wird auf diese Weise zu einer Tafel der Konzepte, die in ihrer mosaikartigen Verbindung schon eine objektive Definition dessen beinhalten, was der Künstler darstellen will. Ein klassisches Beispiel dafür ist das von Otto Griebel 1922 geschaffene *Zeitbild*. Rudolf Schlichter geht in seiner Darstellung sadistischer Szenen vom Jugendstil zu einem farbigen Expressionismus, später zu einem kubistisch-futuristischen Stil über, bis er um 1918 beginnt, chronistische Szenen mit Collageteilen darzustellen. George Grosz nähert sich nach einer Jugendstilperiode Kubin an und malt Orgien und Frauengemächer; dann kommt auch er mit dem Bild *Explosion* aus dem Jahre 1917 (Museum of Modern Art, New York) zu eine pathetischen, kubistisch-futuristischen Darstellung. Von denselben Konzeptionen wurden auch Wollheim und Georg Scholz geleitet.

Einzelgänger

Parallel zu diesen expressionistischen, pathetisch-kubistisch-futuristischen und dadaistischen Strömungen arbeiteten andere Künstler, die – von den gleichen Voraussetzungen ausgehend – zu anderen Ergebnissen kamen, und solche, die in einer absolut unabhängigen Situation ihrem eigenen, für die damalige deutsche Kunst ungewöhnlichen Modus folgten. Einer der Ausgangspunkte dieser verschiedenen Richtungen war die ›Neue Künstlervereinigung‹ in München, die durch die Präsenz Kandinskys eine Tendenz zur Abstraktion hatte, aber gleichzeitig auch die einzige Gruppe war, in der einige Künstler wieder bei Cézanne anknüpften.

Zu dieser Gruppe gehörte Kanold, der um 1907, was in Deutschland eine Seltenheit war, divisionistische Bilder ohne die geringste expressionistische Verarbeitung malte. Um 1909 ging er zu einem noch rohen, kantigen Kubismus über, der aber schon seine Absicht einer genauen volumetrischen Erfassung der realen Gegebenheiten spüren ließ. Diese Absicht entwickelte er im Laufe der Zeit so weit, daß er mehr als jeder andere Maler der ›Neuen Sachlichkeit‹ die anderen Daten der objektmäßigen Wirklichkeit verarbeitete. Als er später Landschaften und Stilleben malte, erhielten alle Dinge dieselbe amorphe Sensibilität und strömten nur sehr selten ›magische‹ Atmosphäre aus. In diese Richtung eines gesteigerten Interesses für die volumetrischen Beziehungen folgten ihm Richard Seewald, Werner Haeuser und W. Schulz Matan. Simpler und mit stärkerer ›magischer‹ Tönung sind die Werke Viegeners.

Auch Carlo Mense ging aus der Münchner Gruppe hervor. Sein 1911 entstandenes Gemälde *Fünf Akte in einem Wald* zeigt formale Vereinfachungen, die an Bechtejev und Mogilewsky erinnern. Doch schon bald bricht er mit einer Sprache, die zunächst den Expressionismus (*Liebespaar*, 1913), dann den Kubismus-Futurismus (*Badende,* Landesmuseum Münster) aufnimmt, in mystische Visionen aus, die am heftigsten in seinen Stichen spürbar werden (*Andacht, Karfreitag*), die zwar zum Teil mit dem Jahre 1919 datiert sind, mit Gewißheit aber aus den Jahren 1914/15 stammen. Nach einem gemeinsamen Aufenthalt mit Davringhausen in der Schweiz wird eine gewisse Beruhigung spürbar, und auf seiner Ausstellung in der Münchner Galerie 1918 zeigt er Werke wie das *Porträt des Doktor M.*, wo die stürmische Dramatik zugunsten einer genauen Definition der Form und eines Ansatzes zur psychologischen Verarbeitung zurücktritt. Der simplifizierenden Konzeption entstammen *Adam und Eva* (1919, Museum Bonn) und das *Liebespaar* aus demselben Jahr. Mit dem Jahre 1920 beginnt jene Wiederaufnahme klassischer Elemente in die Aufteilung des Bildes, sowie die Einfügung architektonischer Darstellungen, für die *Ninive wird gewarnt* eines der ersten Beispiele ist. Im Unterschied zu einer bestimmten italienischen Malerei derselben Epoche jedoch ist bei ihm die Wiederaufnahme solcher traditioneller Elemente keine Stilübung, sondern es gelingt ihm, dem Bild eine doppelbödige moderne Spannung zu verleihen, was sich noch verstärkt, als er sich mehr und mehr der Porträtkunst widmet.

Zu den Malern, die in den damaligen Jahren ganz unabhängig von irgendwelchen Schulen arbeiteten, gehört auch Georg Schrimpf. Von 1909 bis 1913 ist er Mitglied einer anarchistischen Gruppe, die auch in Italien vertreten war, und zu jener Zeit studiert er eingehend die klassische Malerei. Über die ihn in jenen Jahren beschäftigende Problematik schreibt er in seiner Autobiographie: ›Alles brachte mich zu der Überzeugung, daß der Mensch als Ego das Zentrum und der Kern jedes Ereignisses sei; nur wenn ich selbst mich von Grund auf verändere und zu mir selbst zurückkehre, ist eine Veränderung der Welt und eine Erlösung möglich. Aber dafür ist der Glaube nötig, der alles ist.‹ Diese Suche nach einem inneren Frieden veranlaßt ihn schließlich zu einer heiter lyrischen Malerei. Formal sind anfangs einige Härten in den starren volumetrischen Formen zu spüren, im Laufe der Jahre jedoch ist eine Auflockerung zu erkennen: in Gedanken versunkene Frauen vor einem See, Mädchen am Fenster im zarten Gegenlicht, liebevolle Mütter. In seinen bis ins einzelne dargestellten Landschaften findet er besonderes Vergnügen an Sonnenauf- und Sonnenuntergängen.

Unter den Malern, die wie Schrimpf eine ganz unzeitgemäße innere Poesie pflegen wollten, sind – außer der

Hannoveraner Gruppe, die allerdings auch politische Ziele hatte — Bernhard Klein, Josef Mangold, Franz Lenk und Herbert Böttger zu nennen. Böttger erreichte eine so starke Simplifizierung der Landschaft, daß er damit zu einer höchstpersönlichen lyrischen Wesentlichkeit gelangte. Abseits arbeiten Walter Spiess, der in Rußland als Sohn deutscher Eltern geboren ist, und Otto Möller. Reise- und Studiengefährte von Mense ist Erich Maria Davringhausen. In seinen 1919 in der Münchner Galerie Goltz ausgestellten Werken schwankt er zwischen einem mystischen, zuweilen blasphemischen Visionärstum und der Darstellung bekannter Persönlichkeiten, die offenbar von Rousseauschem Luminismus geprägt ist. Dieser Luminismus dient ihm dazu, den Zustand dramatischen Erwartens an der Oberfläche so deutlich spürbar zu machen (wie in dem Werk *Lustmörder* aus dem Jahre 1918), daß die literarischen Bezüge (im vorliegenden Falle die Zeitgeschichte) pleonastisch werden; Objekte und Personen sind eindeutig definiert und isoliert.
In derselben Richtung wie Mense und Davringhausen, aber der italienischen Schule der ›Valori plastici‹ noch näher, arbeiten Georg Kars, Wilhelm Schmid und Dressler. Der Stuttgarter Maler Reinhold Nägele entwickelt den Jugendstil für sich selbst weiter. Sein Tempera-Gemälde *Auf Allerhöchsten Befehl* (1907) enthält eine sehr genau dargestellte Zirkusszene innerhalb eines für die Wiener Werkstatt typischen dekorativen Motivs. Bis zum heutigen Tag behält er seinen Stil der freundlichen und ironischen Lebensbeschreibung bei, ohne sich je zu politisch-sozialen Implikationen oder Spracherneuerungen hinreißen zu lassen. Seine besten Werke sind diejenigen, in denen er nicht im übermäßig Anekdotischen verhaftet bleibt: *Neubauten am Weißenhof* und *Eisenbahn* (Tafeln 42 und 41).

Stöcklin

Unabhängig und mit einer ganz persönlichen Perspektive arbeitete in Basel Stöcklin. In einem Werk aus dem Jahre 1918 hatte er als erster, sehr genau und detailliert ausgeführt, einen Zustand angstvoller Erwartung ausgedrückt. Überraschend in seiner Vorausschau und Qualität ist das Gemälde *Rheinische Gasse* (Tafel 54). *Das rote Haus* (Privatsammlung in Winterthur) aus dem Jahre 1917 trägt mit der scharf umrissenen Landschaft schon damals alle durch die Malerei der ›Neuen Sachlichkeit‹ gelösten Elemente in sich. Es wäre deshalb wichtig, die Beziehungen zwischen Stöcklin und Deutschland genauer zu untersuchen, denn er wirkte vielleicht als Katalysator einer deutschen Situation. Bis zum heutigen Tag ist nicht klar, warum — den italienischen Einfluß einmal ausgeschlossen — die stürmische Bewegung bei ihm innerhalb so kurzer Zeit (1916/17) schlagartig aufhörte: die Voraussetzungen waren zwar gegeben, aber man kann sich des Eindrucks nicht erwehren, daß plötzlich von außen ein Element aufgetreten ist. Es läßt sich hier noch ergänzend sagen, daß im Jahre 1917 in der Münchner Galerie Goltz der Maler Adolph Dietrich (1877—1957) ausstellte, dessen Malerei, weit weniger naiv, als sie zunächst wirkt, schon formale Lösungen und deskriptive Tendenzen zeigte, die eine bestimmte Richtung des Realismus um Jahre vorwegnahm.
Ein anderer Künstler, der in jenen Jahren eine ganz persönliche Ausdrucksform hatte, ist Max Beckmann. In seinen Graphiken wird die Form aus einer Reihe von Strichen gebildet und definiert, die aus dem sie umgebenden Raum kommen. Sie ist geschlossen, aber die Linien, die sie wie ein Spinnennetz umgeben, stellen die Verbindung zur Umgebung dar, sie ist Teil des Ganzen und nicht isoliert. Dasselbe geschieht bei den Gemälden: die Umrisse der Bäume, Häuser, Personen erscheinen auf dem Hintergrund wieder. Die in gotisierender Manier, zu der er durch gewisse Tafelbilder aus dem 14. Jahrhundert angeregt wurde, gemalten Interieurs mit Personen zeigen, obwohl detailliert gemalt, einen einheitlichen Ton, der den Blick vom Detail ablenkt und dem Bild einen dramatischen Ausdruck verleiht, der noch ganz expressionistisch ist. Wenn Beckmann sich auch mit fünf Bildern an der großen Ausstellung ›Neue Sachlichkeit‹ beteiligte, so ist er dennoch, und das gilt auch für den Inhalt seiner Bilder (immer wiederkehrende religiöse und mythologische, ›pathetisch‹ gelöste Themen) mit Ausnahme nur weniger Werke (Porträts, Selbstporträts mit stark psychologischer Hinwendung und einige Darstellungen sadistischer Szenen) derjenige Künstler, der am weitesten entfernt von der Problematik

des Realismus ist. Die weitere Entwicklung seiner Kunst, die immer schwerfälliger werdende Form in einer undefinierten Umgebung, die Verwendung von Symbolen macht dies nur noch deutlicher.

In einer milderen Form wirkt sich diese neue Tendenz auch auf die Skulptur aus. Künstler wie De Fiori und Karsch verzichten auf gewisse Plastizismen. Von den weniger bekannten sind Kurt Edzard aus Bremen und Fritz Maskos aus Dresden mit einer Reihe von bemalten Gipsbüsten zu erwähnen. Wie mir Diether Schmidt dargestellt hat, ist Christoff Voll als einer von jenen anzusehen, die der Problematik des Realismus am nächsten stehen. In seinen Werken läßt er die ganze Traurigkeit einer Kindheit, in der er sich selbst überlassen war, wiederaufleben, oder stellt eine Reihe von Arbeiterfiguren dar.

Der formalen Problematik der ›Neuen Sachlichkeit‹ näher als Voll ist jedoch Fritz Müller durch seine Simplifizierungen — die ihn in die Nähe Hoerles bringen — und durch seine Absicht zu schockieren (*Schwacher Mann, der sich reckt*). Wunderwald malt bis 1915 eine Serie von Landschaften in gesetztem Jugendstil und geht dann mit seinen Städtebildern, vor allem seinen Berlin-Bildern, mit der Trockenheit des Impasto und einer Liebe für die brüchigen Mauern am Stadtrand zum Realismus über, derenwegen er seinerzeit als deutscher Utrillo bezeichnet wurde.

Wenn viele Künstler nach einer Zwischenphase wieder zu einer klassischen Sprache zurückfinden, so erscheint anderen hingegen ein gewisser Geometrismus als die dem historischen Augenblick gemäßeste Sprache. Nach den Aussagen der Künstler selbst (Schlemmer, Räderscheidt) ging dieser Geometrismus mehr auf Carrà und De Chirico als auf den Konstruktivismus zurück. Grosz schrieb im übrigen, daß es nur einen Konstruktivisten-Typ gibt: den Ingenieur, den Architekten, den Schmied, den Tischler. Des weiteren war er der Ansicht, daß die Maler innerhalb dieser Gruppe ›ihre sogenannte Kunst lieber beiseite lassen und sich mit den eigentlichen Grundlagen des Konstruktivismus, den technischen Kenntnissen, befassen‹ sollten. Diese Meinung teilte Franz Roh mehr oder weniger.

Einige Künstler (Hoerle, Seiwert, Nerlinger) versuchen, mit Hilfe des Geometrismus in den politischen Kampf einzugreifen, während andere (Grossberg, Räderscheidt, Arntz, Marta Hegemann, Adler) eine ganz persönliche Sicht der Wirklichkeit entwickeln. Auf eine besondere Weise von De Chirico beeinflußt, arbeitet Gottfried Brockmann. Eines der bekanntesten Bilder von Hoerle stellt einen Arbeiter als Maschinen-Puppe dar. Dieselbe Wirkung geht von seinen *Heimkehrern* aus, bei denen die Kriegsversehrten jegliche menschliche Empfindung ausgelöscht haben (Tafel 27). Arntz ließ sich von den Städten zu den Kompositionen inspirieren, in denen die Beziehungen von Ebenen und Räumen eine große Rolle spielen. Marta Hegemann tendiert bei der Stilisierung der Personen zu einer Identifizierung mit der Welt der Puppen in der weiblichen Kindheit; sie ist auf der Suche nach der Reinheit einer unberührten lyrischen Erinnerung.

Für Grossberg ist die Maschine immer und überall das verheerende Monstrum; der Kompositionsrhythmus des Bildes scheint bestimmt von der unerschöpflichen Produktivität der Maschine selbst. Auf seinem Gemälde *Traumbild: Rotor* stellt er sich sozusagen deren Unbewußtes vor; auf der Zeichnung *Lager der Koenig & Bauer A.G.* aus dem Jahre 1924 ist ein Lager von Eisenschrott der reinste ›Elefantenfriedhof‹. Zur Steigerung der unangenehmen Wirkung seiner Bilder malt er oft Tiere dazwischen (Fledermäuse, Affen) oder betont eine perspektivische Linie oder metallisiert Objekte und Dinge, um ihre Atmosphäre zu verdünnen. Fast nie erscheint auf seinen Bildern eine menschliche Figur.

Auf Radziwill passen gewisse Gedanken De Chiricos über Landschaften von Böcklin, Lorrain und Poussin: ›. . . von menschlichen Figuren bevölkert und dennoch eng verwandt mit den Landschaften der Tertiärzeit‹. *Der Läufer von Scoorl* (Tafel 46): Die einzige beseelte Wirklichkeit scheint aus dem mehr ›fossilen‹ als vegetabilen Ödland fliehen zu wollen; aus der Tertiärzeit sind auch die Himmel und enormen Sonnen, die sie aufreißen. Und ›bis tief innen bewohnt‹, ruhig, aber den Eindruck verbreitend, daß gleich irgend etwas passieren muß, sind auch die konventionelleren norddeutschen Landschaften mit den Holzhäusern, die mit Schnee oder Erika bedeckt sind, die Peripherien der Dörfer an Festtagen. Radziwill ist zweifellos der Maler, bei dem die tragischen Verwirrungen, in die Deutschland damals gestürzt war, am stärksten spürbar werden.

Weiterentwicklung und Überwindung des Expressionismus

Auf der Ebene der Kritik und der Literatur ist Max Deris Artikel ›Der Expressionismus in der Malerei‹ (›Junges Deutschland‹, 1918) sehr aufschlußreich für ein Verständnis der Tatsache, daß eine gewisse Problematik der realistischen Malerei sich, zumindest bis zu einem bestimmten Grad, auf die Problematik des Expressionismus zurückführen läßt und nichts anderes ist als dessen unmittelbare Folge. Dazu äußert sich Chiarini wie folgt: ›Anhand der in dem Artikel ‚Idealismus und Expressionismus' gezogenen Schlüsse ist es möglich, eine Unterscheidung zwischen den Künsten zu treffen, die den natürlichen Gegebenheiten eng verbunden, und solchen, die weit davon entfernt sind. Zu dem letzten Typ gehören die ‚idealistische' sowie die expressionistische Kunst, die, da sie Potenzierung, Vertiefung, Steigerung der ersteren ist, als einzige zu einer Ausdrucksmöglichkeit des Totalitätssinnes gelangen kann. Wenn man die Maßeinheiten an die figurative Kunst und vor allem an die Malerei anlegt, so wird sofort deutlich, daß allein eine Kunst, die den Bezug Inhalt–Form lösen kann (der in der Natur nicht existiert) – und zwar zugunsten der letzteren, indem es ihr gelingt, von der ‚objektiven' Gegebenheit abzusehen –, die Essenz der dargestellten Dinge erfassen kann. Die Malerei, die den inhaltlichen Werten weit stärker verhaftet ist als Architektur oder Musik, muß also versuchen, diese mit dem absoluten formalen Symbol zu identifizieren, d. h. die dargestellte Form (z. B. die menschliche Gestalt) so weit zu ‚forcieren', bis sie die in ihr eingeschlossene Idee ausdrückt, und das bedeutet: innerhalb des objektiven Inhalts mit Hilfe einer symbolischen und expressiven Abstraktion zu arbeiten.‹

Bei der Erkenntnis dieser ›Idee‹ (der Idee vom Menschen beispielsweise) sehen der expressionistische wie der realistische Maler, daß sie inadäquat ist. Ersterer sieht sie in einem kosmischen Zusammenhang, und zwangsläufig identifiziert er sich mit ihr: von hier rühren der ›Schrei‹ und die Angst, die ihn an einer besseren Erkenntnis der äußeren Hülle hindern, durch die die ›Idee‹ offenbar geworden war. Ebenso hindern sie ihn daran, ›es zu malen‹, erkennbar zu machen, was von seiner inneren Erregung ganz überflutet schließlich zu einer ›symbolischen und expressiven Abstraktion‹ wird. Der zweite dagegen verkörpert das Inadäquate der entdeckten ›Idee‹ in inhärenten Termini (der zur Puppe degradierte Mensch bei Räderscheidt, die Ungeheuer-Menschen bei Dix und Grosz); er identifiziert sich nicht, sondern definiert von außen, und in der moralischen Definition, die stets ›expressiv‹ ist, bedient er sich einer ›symbolischen Abstraktion‹ (der Geometrisierung z. B. bei Hoerle, Seiwert und Grossberg).

Und genau diese Nichtidentifizierung mit der Entdeckung löst beim realistischen Maler jene von Meidner vorweggenommene ›männliche‹ Emotion aus – männlich, weil er weitermacht, weil er weiß, daß er auch und vielleicht nur mit diesem moralischen Urteil, das auch ausschließlich negativ sein kann, zu intervenieren vermag. Und allein diese ›phänomenologische‹ Überprüfung der inhärenten Idee und des ganz persönlichen emotionalen Urteils, das von Person zu Person, von Ding zu Ding verschieden ist und einen anderen formalen Ausdruck verlangt, ist seine veränderte Antwort entsprechend seinem veränderten Urteil.

Bei vielen realistischen Malern ist dieses wie bei vielen expressionistischen Malern vollkommen negativ: Hoffnungslos ist der Mensch Räderscheidts; in seiner Unmöglichkeit zu kommunizieren, bewegt er sich mit seiner Gefährtin zwischen den Mauern und über die Plätze einer entmenschlichten Architektur; hoffnungslos ist auch die Welt Grossbergs, in der Maschine und Standardisierung die Pflanze der Liebe getötet haben. Für viele ist die Umwelt nur eine fortgesetzte Bestätigung menschlicher Grausamkeit und Niedrigkeit, die sich im Krieg und in den Berichten nach dem Krieg offenbarte. Die eiskalte klinische Unerschütterlichkeit, mit der zuerst von Granaten zerfetzte Körper und dann Morde und Bordells beschrieben werden, erinnert an den Arzt in Gottfried Benns ›Morgue‹, der mechanisch weiterarbeitet, ›obwohl er seinen eigenen geistigen Mittelpunkt verloren hatte‹, weil ›er täglich so viel Furchtbares gesehen hat und sieht, daß die konkreten Dinge von seiner Pupille nicht mehr in sein Gehirn, seine Seele gelangen‹. Wenn das für einige nicht galt, so läßt sich Rohs Hypothese ›eines zynischen Verbesserungsaktivismus‹ oder einer Reaktion gegen die übertriebene ›religiöse‹ Thematik und das ›unziemliche Metaphysieren‹ gewisser Expressionisten akzeptieren. Roh sprach auch von der ›dämonischen‹ Position und rechtfertigte diese Exzesse, insoweit im Laufe der Zeit jede ›dämonische‹ Darstellung an Intensität verliert und der Künstler zur Einführung ›neuer, vom Publikum noch nicht assimilierter Tönungen gezwungen ist, um für kurze Zeit einen ‚elementaren' Effekt zu erzielen‹. Trotzdem wurden eine Reihe von ihnen damals als Pornographien angesehen, und Wollheim, Grosz und Dix kamen sogar vor Gericht. Doch bei einigen wird auch ein Hoffnungsschimmer sichtbar, der das Ergebnis einer langen, wohldurchdachten, ständigen Überprüfung ist: ich denke dabei an Dix, Schlichter und Grosz, die zwischen all den Abirrungen den Wert der vertrauten Gefühle wiederentdecken.

Und in dieser Periode gewinnt das psychologische Porträt explosionsartig wieder an Bedeutung. Bei jeder Person werden ihre ureigene Natur, ihre geheimen Qualitäten, die sie von den anderen unterscheiden, ihre Größe oder Geringheit betont. Paul Kornfeld schrieb 1918 in seiner Sehnsucht, im Menschen ein göttliches Abbild zu entdecken, daß die Psychologie über das Wesen des Menschen nicht mehr aussagt als die Anatomie; aber das, wohin die psychologische Suche den realistischen Maler bringt, ist nichts anderes als die Entdeckung der Verschiedenheit der Menschen. Auf dem psychologischen Porträt erscheint der Mensch mit seiner ganzen inneren Bürde und mit der ganzen Dramatik seines Problems, und sein Problem wird unmittelbar zu unserem Problem, weil es in einer ruhigen und menschlichen Sprache vorgebracht wird: wir werden unmittelbar mit hineingezogen, voll Abscheu oder Sympathie.

Aus dem Anfang der zwanziger Jahre stammt eine ganze Serie von Porträts, auf denen Dix, Schlichter, Querner, Grosz, Hans und Lea Grundig, Zeller, Griebel, Nagel und Neuschul Leute aus dem Volk, Arbeiter und Bauern in all dem Elend ihrer Situation (es war die Zeit der Hungersnot und der Arbeitslosigkeit) darstellten. Ihr Ausdruck ist gedrückt, als trügen sie auf den Schultern eine enorme Last an Mühsal und Qual. Aber gerade diese scheinbare Anonymität verklärt und heroisiert sie. Ihr Heroismus wird von den zeitgenössischen deutschen Literaten theoretisiert, es ist stets der ›Heroismus der Schwäche‹: nicht der Starke ist der Held, sondern ›der Schwache, der von so feurigem Geist beseelt ist, daß er eine Krone verdient hat‹.

Als Otto Griebel sich an einem großen Fresko versucht (*Die Internationale*, Tafel 22), bemüht er sich, jede einzelne Person zu durchdringen und zu definieren. Der Held des sogenannten ›Sozialistischen Realismus‹, der Kolchosheld nach dem Zweiten Weltkrieg, ist weniger glaubhaft: Aus dem Versuch, ihn zu einem Supermann zu stilisieren (er muß die Kraft haben, für den Sozialismus zu kämpfen und das Glück schätzen, in einem sozialistischen Staat zu leben), entsteht nur eine starre, rhetorische Gestalt. Es ist nicht uninteressant, daß die beiden — auch noch heute bedeutendsten — sowjetischen Realisten Kuzma Petrov-Vodkin und Jurij Pimenov Zeitgenossen der deutschen Schule sind.

Christian Schad gelingt es, die Seele auf dem Gesicht der porträtierten Person mit unmenschlichem, wissenschaftlichen, katalogisierenden Abstand zu kristallisieren; er steckt seinem Gemälde ein Seelen-Gesicht auf, wie der Wissenschaftler einen Schmetterling oder Käfer auf die Nadel spießt.

Die Mannheimer Ausstellung

Von diesen Ereignissen und Situationen wurden die künstlerischen Kreise Deutschlands in den zwanziger Jahren geprägt. Im Verlaufe der Jahre entspannte sich die Lage allgemein etwas. 1923 organisierte der Kritiker G. F. Hartlaub, damals Direktor der Mannheimer Kunsthalle, eine große Ausstellung. Sie sollte anfangs internationalen Charakter haben, dann aber beschränkte er sich doch auf Deutschland.

Im Katalog sind 124 Werke aufgeführt, wovon zwei Werke von Grosz in diesem Band abgebildet sind (Tafeln 4 und 5); Grosz stellte insgesamt sieben Werke aus, fünf davon aus der kubistisch-futuristischen Periode. Nicht vertreten ist zu Recht Radziwill: als Hartlaub die Einladungen verschickte, arbeitete er noch in expressionistischem Stil. Je ein Werk stellten Karl Hubbuch aus Karlsruhe, Wilhelm Heise aus München und Kretzschmar aus Dresden aus. Hubbuch, wie Grosz Schüler Emil Olrichs, mehr Graphiker als Maler, zeigte eine schneidend ironische Zeichnung. Er entwickelte seinen satirischen Stil in Porträts oder in allegorischen Serien weiter, in denen er das Blatt als Tafelbild ohne jede Perspektive entsprechend dem Collagekonzept verwendet. Seine Bleistiftzeichnungen sind von äußerster Genauigkeit, kein noch so kleines Detail wird übersehen. Heise sticht durch eine besondere Miniaturarbeit hervor. Diese Konzeption (*Selbstbildnis*, im Museum von München) trägt in das Bild eine dynamische Unruhe, die durch ein Gewimmel von Objekten und Personen erreicht wird. Bedeutend auf dieser Ausstellung war auch ein Gemälde von Georg Scholz, auf dem der Kontrast zwischen einer natürlichen, in romantischer Manier gemalten Landschaft (die man mit Thoma verglich) und die Einfügung des industriellen Elementes stark hervortritt. Die sanfte Linie der Hügel und Bäume wird brutal von der scharfkantigen, unerbittlichen Straße und von Lagerhallen durchschnitten, die sich auf dieselbe grausame Weise hier erheben. Solche Gegensätze stellt Scholz häufig dar: weibliche Akte und Maschinen (*Fleisch und Eisen*), stachlige Kakteen und Lampenglocken. Ich weiß nicht, auf welchem Weg Scholz zu diesen künstlerischen Definitionen gelangt ist, die ihn innerhalb der Gruppe ›Neue Sachlichkeit‹ eigentlich als den Orthodoxesten ausweisen. Seine Werke aus dem Jahre 1920 (*Der Mestize* und *Fleisch und Eisen*) erwecken den Eindruck, daß er einer der allerersten war, die sich in dieser besonderen Sprache ausdrückten.

Bei einer genauen Betrachtung der von Hartlaub getroffenen Auswahl ist der ›rechte Flügel‹ stärker vertreten; es scheint auch, daß er dadurch, daß Kanoldt die größte Zahl an ausgestellten Werken zugebilligt bekam, die Funktion des Initiators durch eine vollkommene Loslösung von jeder expressionistischen Problematik unterstreichen wollte. Daß Hartlaub voreingenommen auswählte oder zumindest seinen Sympathien folgte, die allerdings nicht politisch gefärbt waren, geht schon aus seinem 1923 in der ›*Frankfurter Zeitung*‹ erschienenen Artikel ›Der Zynismus als Kunstrichtung‹ hervor. Dort polemisiert er gegen die ›veristischen‹ Künstler wegen ihrer immer wiederkehrenden Thematik mit sexuellen oder bestialischen Aspekten. Er sah darin nur ›monomane oder in der ständigen Wiederkehr pedantische Angriffslust‹. Dabei störte ihn jedoch weniger die moralische Seite: ›Was noch schlimmer ist als die Amoralität, als der zutiefst vom Glauben entfernte Relativismus, als die Hoffnungslosigkeit gewisser zeitgenössischer Künstler, und was sie an der äußersten, ja entscheidenden Distanz hindert, ist, daß sie noch nicht einmal mehr richtig an die Kunst glauben!‹

Auf diese Überlegungen bezog sich später Fritz Schmalenbach, als er die nun allgemein vollzogene Identifikation von ›Neuer Sachlichkeit‹ und ›Antiformalismus‹ bestritt und feststellte, daß Hartlaub den wahren Sinn des ersten Terminus gar nicht begriffen hätte, sondern ihn nur heftig kritisierte, und daß er ›wie die anderen, die bis an den Hals in einer impressionistisch-formalistischen Ansicht stecken, unfähig ist, das für die Malerei heilsame, unvergleichliche, befreiende Element zu entdecken, das in der Anti-‚Kunst' von Dix oder Grosz, in den außer-‚künstlerischen' Impulsen enthalten ist, die Ziel eines Teils ihrer Malerei sind, Impulse, die politisch-sozialer, tendenziöser oder jeder anderen Natur sein konnten.‹

Die Annäherung an das Objekt als Geistesschöpfung

Abgesehen von diesen Polemiken gibt uns die Mannheimer Ausstellung einen Eindruck von der riesigen Veränderung, die sich innerhalb der deutschen Kunst vollzogen hatte. Man war noch einmal zu der Synthese gelangt, die der Okzident schon in der Kunst des Spätmittelalters erreicht hatte: ›Die Synthese zwischen der inneren Expression des Schöpfers und der Expression der vorhandenen äußeren Welt war das, was der Impressionismus bewußt vermieden hatte, nämlich ‚der charakteristische Ausdruck der objektiven Substanz der Umwelt'.‹ Und wenn Dürer schrieb, daß der Künstler ›intime Figur‹ mit der Person sein müsse, die er malen will, so werden die Künstler der ›Neuen Sachlichkeit‹ auch mit dem materiellen Objekt ›intim‹, indem sie seinen chemischen, plastischen, materiologischen, literarischen Charakter betonen, um so seine ›tiefere Seele‹ an die Oberfläche zu bringen. In dieser Entfernung von den ›rein künstlerischen‹ Elementen, und vor allem mit dieser Fähigkeit, die ›Seele‹ sichtbar zu machen, wird der Künstler zum ›Magier‹. Auf diese Weise wird uns die Definition deutlich, die Franz Roh vom ›Magischen Realismus‹ gab und die direkt an De Chirico, Carrà und die italienische ›Valori Plastici‹-Gruppe anschließt. Realismus auf allen und jeden Fall, denn wenn auch der deutsche Künstler die ›Irrealität‹ einer Atmosphäre oder eines Dinges hervorhebt, so geschieht das ausschließlich, um diesem Objekt zu Bewußtsein und sinnbildlicher Bedeutung zu verhelfen.

Die Welt der Objekte hat eine neue, authentische, kristalline Festigkeit erhalten. Der ›Produktionsprozeß‹ ist aus dem Bild selbst verschwunden, verschwunden sind die Skizzen, der sichtbare Pinselstrich, mit dem der Künstler seine ›Qual‹ bei der Arbeit zeigte, verschwunden ist jede Anspielung auf das dynamische Werden: ›Heute liegt der Ausdruck im statischen, bewegungslosen Sein, das angefüllt ist mit allen prä-emotionalen Spannungen. Denn die Spannung geht genau von diesem oft beunruhigenden Atemanhalten aus: im Lauschen auf den Urlaut der Existenz, nackt in ihrer vollkommensten Realisierung, noch bevor diese Existenz in die Dimension eines Aktes, in die Spannung zweiten Grades eingetreten ist‹ (Roh). Noch heute ist die Definition des Prinzips ›Sachlichkeit‹, die Fritz Schmalenbach 1936 gegeben hat, gültig: ›Ausgehend vom Konzept der Form, besteht es darin: Die Form entwickelt sich aus einem bestimmten ‚Objekt' oder einer Aufgabe, die mathematisch betrachtete Form ist eine ‚Funktion' des Objektes . . . indem sie dieses Konzept negativ ausdrückt, wird die Form nicht wie etwas Freies und neu zu Definierendes ‚geschaffen', die Form wird nicht ‚vorhergewußt' oder ‚vorherbestimmt'. Die Form selbst ist nicht das Ding, das primäre Element, sondern das nachträgliche Element, das Ende, die Lösung.‹ Und Otto Dix äußerte gegenüber Hans Kinkel: ›Die ‚so präzise' Form entsteht aus dem Ereignis und verändert sich auch mit dem Ereignis. Die Form an sich gibt es nie; sie ist etwas, das dient. In diesem Punkt bin ich anderer Meinung als Picasso, für den sich die Form auch aus dem ‚Objekt' entwickelt.‹ Daraus geht ziemlich deutlich die Identifizierung dieser Problematik mit der Problematik der Gropiusschen Pädagogik hervor, und in diesem Licht müssen auch die Polemiken Bauhaus—De Stijl gesehen werden: De Stijl basierte auf der Theorie einer vorgebildeten Form, welcher das ›Objekt‹ und die ›Funktion‹ geopfert werden müssen.

Dresden

Die Lehrtätigkeit Dix' in Dresden im Jahre 1926 hatte eine starke Beeinflussung der künstlerischen Entwicklung Sachsens zur Folge. Darüber hinaus herrschte allgemein ein Bedürfnis, mit der Kunst auch beim Volk Resonanz zu finden. Unter den am stärksten politisch engagierten Malern der jüngsten Generation sticht Hans Grundig hervor. Schon in sehr jungen Jahren schildert er auf seinen Bildern die Not des Volkes: er malt Vorstädte, Straßen, Interieurs. Später hält er Ereignisse aus dem politischen Leben fest: Parteiversammlungen, Demonstrationen, Polizeieingriffe. Zur gleichen Zeit arbeitet seine Frau Lea Langer, die er 1928 geheiratet hatte, an einer Serie von Zeichnungen mit derselben Thematik und bringt Stiche von starker psychologischer Aussagekraft hervor.

Kretzschmar arbeitete gleichzeitig mit Dix; von größter Bedeutung ist eine Serie von Stichen, Stadtszenen und bürgerlichen Interieurs, aus denen eine stark halluzinatorische Kraft spricht; er sagt sich jedoch bald davon los und findet eine ruhigere und approximativere Form. Auch Kurt Querner ist in Dresden; er führt eine Reihe von Gemälden aus, mit denen er den politischen Kampf verherrlicht (*Agitator,* 1930, und *Demonstration*). Sein Hauptinteresse gilt jedoch dem harten Leben auf dem Lande, das er jedes Idylls und jeder romantischen Poesie entkleidet.

Vertreter eines etwas nüchterneren Realismus sind ebenfalls in Dresden: Werner Hofmann, Wilhelm Rudolph, Rudolph Bergarder, Fritz Skade und Wilhelm Dodel; melancholisch verhangen ist die Malerei Lachnits. Griebel schildert die Grausamkeit des Krieges und der Nachkriegszeit. In der Zeitung ›Rote Fahne‹ wird im Jahre

1930 sein Gemälde *Im Gedenken an Sacco und Vanzetti* als einziges Werk auf der Ausstellung ›Künstler des Reichs‹ gelobt, das über das ›Planschen in den stagnierenden ästhetischen Gewässern‹ hinausragt. ›Die Figuren Saccos und Vanzettis heben sich empor über den elektrischen Stuhl, über die Schrecken der Gefängnisse in Amerika, über die Girls, die snobistische Kultur, die Arbeit am Fließband.‹

Unter den Städten, in denen sich damals Gruppen mit realistischer Ausrichtung bildeten, muß in erster Linie Hannover angeführt werden, auch wenn man dort nicht von einer ›zweiten Generation‹ sprechen kann. Zu dieser Gruppe, die sich um die kleine Zeitschrift ›Wachsbogen‹ gebildet hatte, gehörten Fritz Busack, Grethe Jürgens, Hans Mertens, Gerta Overbeck, Ernst Thomas und Erich Wegner. Im Vergleich zu den Gruppen anderer Städte zeigt die Hannoveraner, wie H. G. Meyer nachgewiesen hat, eine stärkere romantische Tendenz, und wenn auch dieselben Subjekte gewählt werden wie von den ›Veristen‹ (Arbeitslose, Elendsquartiere usw.), ›wird der heftige Realismus, der die Dinge erbarmungslos sieht (häufig) in Meditation und Vertiefung verkehrt‹ (G. Schenk).

Außer in Hannover wirkten zu der Zeit auch in anderen Städten bedeutende Künstler, von denen neben den schon erwähnten genannt werden sollten: Willi Mueller-Hufschmidt aus Karlsruhe, Albert Aereboe aus Bremen, Fritz Burmann und A. Kaufmann aus Düsseldorf, Nicolaus Glustschenko, Iwan Baby und Ploberger aus Berlin (Ploberger ist neben Förster aus Aachen Maler der eindringlichsten Stilleben der ›Neuen Sachlichkeit‹), C. von Ripper und Ernst Haider aus München, Benjamin Godron aus Münster, Wilfried Otto aus Mannheim, Werner Peiner aus Bonn, Otto Ritschl aus Wiesbaden, Bernhard Doerries aus Hannover, Rudolph Wacher aus Bregenz, L. E. Ronig, Franz Maria Jansen und Josef Mangold aus Köln.

Nachwort

Aber der Widerschein der Fackelzüge vom 30. Januar 1933, die den Sieg Hitlers feiern, wirkt sich verheerend aus: Grosz geht nach Amerika, voller Vorurteile gegen die ›Konsumgesellschaft‹, und setzt dort seine Satire gegen die geistige Leere fort, die sich hinter dem verbirgt, was er ironisch den ›höchsten Traum‹ nennt: ›... ein Leben mit allen Bequemlichkeiten, Badewanne, Sport, das Serienauto, und im äußersten Falle das Wochenende mit Cocktail und der Schönheitskönigin‹. Er kehrt, mehr Deutscher als je zuvor, nach Berlin zurück, wo er 1959 stirbt. Dix, der seine Lehrtätigkeit aufgeben muß, zieht sich an den Bodensee zurück; die Ereignisse des Zweiten Weltkrieges lassen ihn zu einer neoimpressionistischen Malerei gelangen (*Selbstbildnis im Gefängnis*; *Und neues Leben wird aus den Ruinen entstehen*). Schlichter zieht sich auf eine metaphorische Malerei zurück, mit der er die nazistischen Greuel und seine Angst vor einer Eliminierung der Kultur durch den Technizismus ausdrückt. Davringhausen, Hoerle, Lachnit, Mense, Seiwert und Wegner arbeiten weiter an einer Vereinfachung der Form, deren Konsequenz schließlich die abstrakte Malerei ist. Hans Grundig, der ebenfalls gezwungen ist, sich durch die Metapher auszudrücken, erleidet grausame nazistische Verfolgung. Nach dem Krieg nach Dresden zurückgekehrt, wird er dort trotz seiner politischen Vergangenheit von der offiziellen Kritik abgekanzelt und des ›Formalismus‹ bezichtigt: erst nach seinem Tod wird er anläßlich einer großen Ausstellung, die 1962 in der Nationalgalerie gezeigt wurde, rehabilitiert.

Mit der wachsenden Macht des Nationalsozialismus häufen sich deprimierende prophetische Aussagen in der Malerei. Schlichter malt einen Soldaten am Rand eines Abgrundes, den Bauch von wüsten Bestien zerfressen: deutliches Symbol des Reiches und der neuen politischen Lage; Grundig sieht, dargestellt auf der Mitteltafel seines Triptychons *Das Tausendjährige Reich,* bombardierte zerstörte Städte; Otto Dix malt auf seinem Bild *Loths Töchter* Dresden in Flammen. Mit diesen Propheten schließt eines der in Hinblick auf künstlerische Qualität, Dramatik, Problematik und unmittelbare Beteiligung an der historischen Wirklichkeit reichsten Kapitel, die es in Deutschland überhaupt je gegeben hat. Noch einmal hatte in Europa als Begriff für das reinste künstlerische Schaffen gegolten: ›Die Wahrheit und das Handwerk‹.

Tafelteil

Tafel 1 Ludwig Meidner, *Revolution (Barrikadenkampf)*, um 1913, Staatliche Museen Preußischer Kulturbesitz, Nationalgalerie, Berlin

Tafel 2 Conrad Felixmüller, *Der Selbstmord des Dichters Walter Rheiner,* 1925, Privatsammlung Dr. Wolfgang Kruse, Hagen (Westfalen)

Tafel 3 George Grosz, *Begräbnis in der Stadt,* Privatsammlung

Tafel 4 George Grosz, *Grauer Tag,* 1921, Staatliche Museen Preußischer Kulturbesitz, Nationalgalerie, Berlin (Foto: Steinkopf)

Tafel 5 George Grosz, *Porträt des Schriftstellers Max Herrmann-Neisse,* 1925, Städtische Kunsthalle, Mannheim

Tafel 6 Rudolf Schlichter, *Männerbildnis,* Staatliche Museen Preußischer Kulturbesitz, Nationalgalerie, Berlin

Tafel 7 Rudolf Schlichter, *Porträt Margot,* 1924, Märkisches Museum, Berlin

Tafel 8 Otto Dix, *Schlächter,* 1929, Privatsammlung

Tafel 9 Otto Dix, *Frau mit Kind,* 1921, Gemäldegalerie, Dresden

Tafel 10 Otto Dix, *Triptychon ›Großstadt‹*, 1927/28, Galerie der Stadt Stuttgart

Tafel 11 Otto Dix, *Schützengraben in Flandern,* 1934–1936, Staatliche Museen Preußischer Kulturbesitz, Nationalgalerie, Berlin (Foto: Steinkopf)

Tafel 12 Karl Günther, *Kleinbürger am Radio,* 1927, Staatliche Museen Preußischer Kulturbesitz, Nationalgalerie, Berlin

Tafel 13 Karl Günther, *Porträt der Ehefrau*, 1933, Staatliche Museen Preußischer Kulturbesitz, Nationalgalerie, Berlin

Tafel 14 Curt Querner, *Selbstbildnis mit Brennessel,* 1933, Sammlung Regina Querner, Börnchen

Tafel 15 Curt Querner, *Arbeit auf dem Feld,* 1933, Staatliche Galerie Moritzburg, Halle (Foto: Reinhold)

Tafel 16 Hans Grundig, *Vorstadt,* 1926, Staatliche Museen Preußischer Kulturbesitz, Nationalgalerie, Berlin

Tafel 17 Hans Grundig, *Mädchen im Atelier,* 1925, Staatliche Kunstsammlungen, Schloßmuseum, Weimar

Tafel 18 Karl Hubbuch, *Hühnerdiebe,* um 1923, Galleria del Levante, Mailand, München

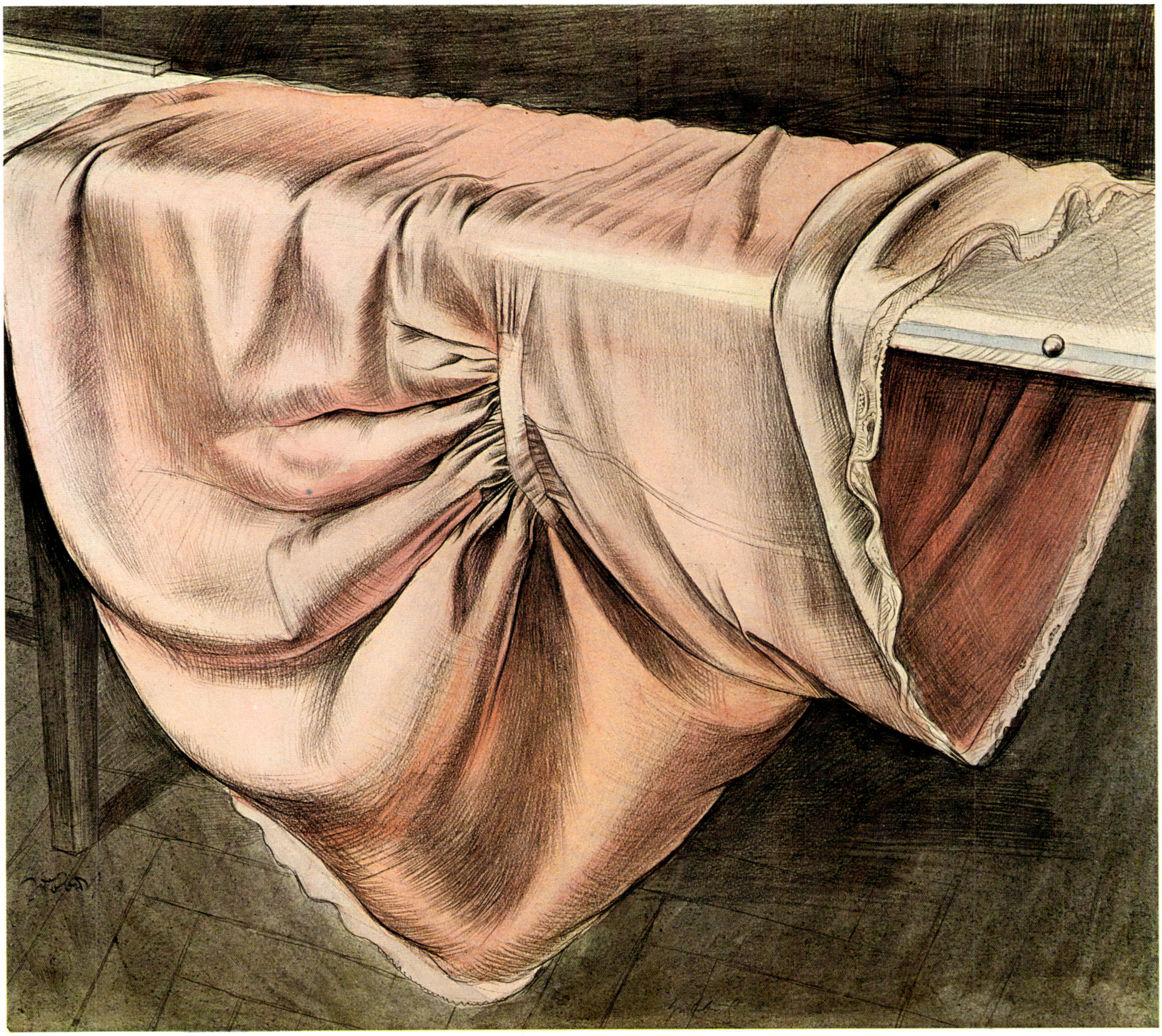

Tafel 19 Karl Hubbuch, *Das Bügelbrett,* um 1923, Privatsammlung, Rom

Tafel 20 Karl Hubbuch, *Zweimal Hilde,* um 1923, Privatsammlung, Mailand

Tafel 21 Wladimir Zabotin, *Cabaret,* Privatsammlung, Karlsruhe

Tafel 22 Otto Griebel, *Die Internationale,* 1928–1930, Museum für Deutsche Geschichte, Berlin

Tafel 23 Gustav Wunderwald, *Eingang zur U-Bahn,* 1925, Galleria del Levante, Mailand, München

Tafel 24 Erwin Merz, *Porträt der Großeltern,* Staatliche Museen Preußischer Kulturbesitz, Nationalgalerie, Berlin

Tafel 25 Karl Völker, *Arbeiterkantine,* 1923, Museum für Deutsche Geschichte, Berlin

Tafel 26 Karl Völker, *Zement,* 1923, Staatliche Galerie Moritzburg, Halle (Foto: Reinhold)

Tafel 27 Heinrich Hoerle, *Die Heimkehrer,* 1930, Galleria del Levante, Mailand, München

Tafel 28 Karl Völker, *Mädchen aus dem Volk,* 1925, Staatliche Galerie Moritzburg, Halle (Foto: Reinhold)

Tafel 29 Anton Räderscheidt, *Selbstbildnis,* 1926, Sammlung S. und G. Poppe, Hamburg

Tafel 30 Carl Grossberg, *Tanks,* 1933. Privatsammlung, Mailand

Tafel 31 Carl Grossberg, *Papiermaschine,* 1934, Privatsammlung, Mailand

Tafel 32 Carl Grossberg, *Fertighaus,* Privatsammlung, München

Tafel 33 Anton Räderscheidt, *Das Haus Nr. 9,* 1921, Sammlung Dr. Bergfeld, Lüdenscheidt

Tafel 34 Alexander Kanoldt, *Winterlandschaft,* 1921, Staatsgalerie, Stuttgart

Tafel 35 Alexander Kanoldt, *Stilleben vor blauem Hintergrund,* Staatliche Kunstsammlungen, Gemäldegalerie Neue Meister, Dresden (Foto: Reinhold)

Tafel 36 Carlo Mense, *Mädchenbildnis (Inge),* 1926, Staatliche Museen Preußischer Kulturbesitz, Nationalgalerie, Berlin

Tafel 37 Heinrich Davringhausen, *Der Schieber,* 1921, Privatsammlung, Köln

Tafel 38 Wilhelm Lachnit, *Mädchen im Pelz,* 1925, Staatliche Kunstsammlungen, Gemäldegalerie Neue Meister, Dresden (Foto: Reinhold)

Tafel 39 Wilhelm Lachnit, *Der traurige Frühling,* 1933, Staatliche Museen Preußischer Kulturbesitz, Nationalgalerie, Berlin

Tafel 40 Kay Nebel, *Zirkus,* 1920, Privatsammlung, Mailand

Tafel 41 Reinhold Nägele, *Eisenbahn,* 1922, Staatliche Museen Preußischer Kulturbesitz, Nationalgalerie, Berlin

Tafel 42 Reinhold Nägele, *Neubauten am Weißenhof,* 1927, Staatsgalerie, Stuttgart

Tafel 43 Erich Wegner, *Leuchtturm,* um 1925, Privatsammlung, Hannover

Tafel 44 Georg Schrimpf, *Mutter und Kind,* 1919, Sammlung Klaus und Helga Hegewisch, Hamburg

Tafel 45 Franz Radziwill, *Freundinnen,* 1929, Privatsammlung, Mailand

Tafel 46 Franz Radziwill, *Der Läufer von Scoorl,* 1927, Privatsammlung, München

Tafel 47 Franz Radziwill, *Sonntag im Dorf,* 1928, Privatsammlung, Mailand

Tafel 48 Gert Wollheim, *Abschied von Düsseldorf,* 1924, Kunstmuseum, Düsseldorf

Tafel 49 Wilhelm Schnarrenberger, *Mädchen mit Zigarette,* 1928, Sammlung Schnarrenberger, Karlsruhe

Tafel 50 Wilhelm Schnarrenberger, *Selbstbildnis im Atelier,* 1928, Sammlung Schnarrenberger, Karlsruhe

Tafel 51 Christian Schad, *Porträt Ludwig Bäumer,* 1927, Privatsammlung, Mailand

Tafel 52 Christian Schad, *Selbstbildnis,* 1927, Sammlung S. und G. Poppe, Hamburg

Tafel 53 Albert Heinrich, *Mädchen im Sessel,* 1925–1927, Galleria del Levante, Mailand, München

Tafel 54 Niklaus Stöcklin, *Vorstellung,* 1922, Kunstverein, Winterthur

Tafel 55 Niklaus Stöcklin, *Rheinische Gasse,* 1917, Öffentliche Kunstsammlungen, Basel (Foto: Hinz)

Tafel 56 Georg Scholz, *Ansicht von Grötzingen bei Durlach,* 1925, Städtische Kunsthalle, Mannheim

Tafel 57 Wilhelm Heise, *Stiglmaierplatz in München,* Ausschnitt, 1935, Stadtmuseum, München

Tafel 58 Wilhelm Heise, *Abschied vom Sommer,* 1929, Bayerische Staatsgemäldesammlungen, München (Foto: Blauel)

Tafel 59 Herbert Ploberger, *Stilleben,* 1926, Privatsammlung, München

Tafel 60 Grethe Jürgens, *Frisierpuppen,* 1927, Sammlung H. O. Dürrmeier, Hannover

Biographien

Conrad Felixmüller, *Im Ruhrgebiet*, 1929
(Öl auf Leinwand, 80 x 65 cm)

Heinrich M. Davringhausen

Geboren in Aachen 1894. Als Schüler von Eckstein Studium an der Düsseldorfer Akademie. Freundschaft mit Carlo Mense, gemeinsame Aufenthalte in Ascona, Schweiz. 1918 erste Ausstellung in der Galerie Goltz, München. Mitglied der Novembergruppe. 1925 Beteiligung an der Ausstellung ›Neue Sachlichkeit‹ in Mannheim. 1933 verläßt er Deutschland und geht nach Spanien, in die Schweiz und nach Frankreich; Davringhausen lebt in Cagnes-sur-Mer.

Otto Dix

Geboren 1891 in Unternhaus bei Gera. Von 1909 bis 1914 Studium an der Kunsthochschule Dresden. Im Ersten Weltkrieg als Unteroffizier der Sturmgruppe in Flandern, Frankreich, Polen und Rußland. Von 1919 bis 1922 Assistent an der Akademie Dresden, Mitglied der dortigen ›Gruppe 1919‹ und der ›Sezession‹. Von 1922 bis 1925 gehört er in Düsseldorf dem Künstlerkreis der ›Mutter Ey‹ an und beginnt mit der Serie von Stichen: *Der Krieg*. Beteiligung an der Ausstellung ›Neue Sachlichkeit‹ in Mannheim. Ausstellung in der Galerie Nierendorf, Berlin, und auch in der Galerie Thannhauser in München.

Ab 1927 Professor an der Akademie Dresden und offizielles Mitglied der Preußischen Akademie. Nach der Machtergreifung wird er ausgeschlossen, und 260 seiner Bilder werden aus den öffentlichen Sammlungen entfernt.

1945 wird er eingezogen und von den Franzosen in Colmar gefangengenommen.

1946 läßt er sich am Bodensee nieder.

Otto Griebel, *Selbstbildnis im Café,* Bild ist verschollen

Otto Griebel, *Menschen sind immer noch die billigste Ware,* um 1920

Conrad Felixmüller
1897 in Dresden geboren. 1911 gibt er sein Musikstudium auf und schreibt sich an der Kunstakademie ein. 1916 stellt er in der Galerie Sturm in Berlin und 1917 in der Galerie Goltz aus; 1919 wird er Gründungsmitglied und Präsident der Sezession Dresden und Mitglied der Novembergruppe. 1928 gewinnt er den Großen Preis des Kunstvereins Dresden, und im Jahr darauf stellt er in der Galerie Gurlitt in Berlin aus. 40 seiner Werke werden 1936 von den Nationalsozialisten in der Ausstellung ›Entartete Kunst‹ gezeigt. Er wird aus dem Berliner Künstlerbund ausgestoßen, und seine Bilder werden aus den öffentlichen Sammlungen entfernt.
Er lebt in Berlin.

Otto Griebel
1895 in Meerane, Sachsen, geboren. 1915 Soldat an der französischen Front, wo er Otto Dix begegnet. 1918 Beteiligung an der Novemberrevolution und Mitglied des Arbeiter- und Soldatenrats. 1919 Schüler von Sterl an der Akademie Dresden und Eintritt in die KPD; Mitglied der Gruppe ›Junges Rheinland‹, Düsseldorf, ›Wurf‹, Bielefeld und ›Novembergruppe‹, Berlin.
1921 ist er mit Grosz, Hartfield und Schlichter in Berlin. 1924 Beteiligung an der Sezession Dresden; 1928 entsteht sein Gemälde über den Tod von Sacco und Vanzetti. 1933 wird er von der Gestapo verhaftet, und seine Werke werden auf der Ausstellung ›Entartete Kunst‹ gezeigt. Der größte Teil seiner Werke wird beim Luftangriff auf Dresden im Februar 1945 zerstört. Bis 1960 war er dann Direktor an der Fakultät für Arbeiter und Bauern an der Kunsthochschule Dresden.

Carl Grossberg
1894 in Elberfeld geboren. 1913 Architekturstudium an der Technischen Hochschule Aachen. Nachdem sein Studium durch den Krieg unterbrochen wurde, schrieb er sich als Schüler von Feininger am Bauhaus von Weimar ein. 1931 ist er als Gast der Villa Massimo in Rom. Soldat in Polen und dann in Frankreich. Nach Hause zurückgekehrt, verfällt er nach einem Autounfall in Depressionen und nimmt sich im Jahre 1940 das Leben.

George Grosz
1893 in Berlin geboren. 1909 schreibt er sich als Schüler von Richard Müller und Sterl an der Akademie Dresden ein und beginnt seine Mitarbeit am ›Berliner Tageblatt‹ als Zeichner. Später ist er in Berlin Schüler von Olrich. Zum Militärdienst einberufen, wird er 1916 wegen Krankheit entlassen. Nach Berlin zurückgekehrt, illustriert er die Schriften von Theodor Dansler. Wieder einberufen, wird er wegen seiner antimilitaristischen Haltung zum Tode verurteilt und durch Intervention des Grafen Kessler gerettet. Nach Kriegsende ist er in Berlin und beteiligt sich an der Dada-Bewegung. Er stellt in der Galerie Goltz aus und gründet die Zeitschrift ›Die Pleite‹. 1920 wird er nach der Veröffentlichung des Plakates ›Gott mit Uns‹ wegen ›Antimilitarismus‹ zu 5000 Mark Geldstrafe verurteilt. 1923 muß er sich nach der Veröffentlichung von *Ecce homo* vor Gericht wegen ›Beleidigung der öffentlichen Moral‹ verantworten. 1927 wird er mit der Goldmedaille der Stadt Düsseldorf ausgezeichnet. 1931 stellt er zum erstenmal in den Vereinigten Staaten aus, wohin er 1933 übersiedelt, um an der Art Student League in New York zu unterrichten. Seine Werke werden in Deutschland beschlagnahmt und auf der Ausstellung ›Entartete Kunst‹ gezeigt. Nach dem Krieg kehrt George Grosz nach Europa zurück; er stirbt am 6. Juli 1959 in Berlin.

Hans Grundig
1901 in Dresden geboren. Von 1920 bis 1922 Schüler von Rade an der Kunsthochschule. 1926 schreibt er sich in die KPD ein und wird Gründungsmitglied der revolutionären Malervereinigung ASSO. Während des Nationalsozialismus erhält er Ausstellungsverbot und kommt ins Gefängnis. Von 1939 bis 1944 ist er im Konzentrationslager Sachsenhausen; im Augenblick der allgemeinen Mobilmachung eingezogen, flieht er in die Rote Armee.
1946 nach Dresden zurückgekehrt, wird er Rektor und Professor der Akademie. Er stirbt 1958 in Dresden.

Karl Gunther
1893 in Gera geboren. Studiert an der Akademie Dresden und nimmt am Ersten Weltkrieg als Flieger teil. Lungenkrank, geht er nach Davos, wo er mit Kirchner in Berührung kommt. Nach

Carl Grossberg, *Lager der Koenig & Bauer A.G.*, 1924 (Zeichnung), Privatsammlung, Würzburg

Dresden zurückgekehrt, wird er gemeinsam mit Otto Dix Schüler von Richard Müller. Nach einem Aufenthalt in Paris zieht er sich nach Kaltenborn bei Gera zurück. Während des Nationalsozialismus erhält er Ausstellungsverbot, und elf seiner Bilder werden als ›entartete Kunst‹ eingestuft und aus den Museen entfernt.
Nach einer abermaligen Soldatenzeit 1944/45 wird er Lehrer an der Schule von Gera.
Gunther stirbt 1955 in seiner Geburtsstadt.

Albert Heinrich
1899 in Düsseldorf geboren, wo er an der Kunsthochschule studiert. Erhält 1931 den Dürer-Preis. Lebt in Düsseldorf.

Wilhelm Heise
1892 in Wiesbaden geboren. Schüler von Olde in Kassel. 1918 Übersiedlung nach München. Er besucht Abendkurse und malt Uhrzifferblätter, um zu überleben. In den Jahren 1924–1936 bringt er den wichtigsten Teil seines Werkes hervor. 1934 stellt er auf der Biennale von Venedig aus und erhält 1937 den Dürer-Preis. Zwischen 1937 und 1943 unterrichtet er in Königsberg, dann wird er Direktor der Städelschule in Frankfurt und Professor in München. Er begeht 1965 Selbstmord.

Heinrich Hoerle
1895 in Köln geboren. In sehr jungen Jahren Mitbegründer des ›Club Gereon‹. 1913 wird er mit Max Ernst und Otto Freundlich Mitglied der ›Lunari‹-Gruppe und Anhänger des ›Ovarismus‹ (das Ei als letzte Lösung der künstlerischen Form). Während des Krieges arbeitet er an der Zeitschrift ›Aktion‹ mit, beteiligt sich am Kreis der fortschrittlichen Künstler und gründet die Zeitschrift ›Der Sturm‹. Dann tritt er der Gruppe ›Stupid‹ bei und beteiligt sich an ihrer ständigen Ausstellung im Atelier von Raederscheidt. Das kleine Begleitheft zur Ausstellung, ›bulletin D‹, wird von den Engländern beschlagnahmt. 1929 ist er Mitbegründer der Zeitschrift ›A-Z‹. 1931 stellt er im Düsseldorfer Kunstverein aus.
Er stirbt 1936.

Carl Hubbuch
1891 in Karlsruhe geboren als Sohn eines Telegrafenbeamten. Er besucht die Akademie in Berlin und ist Schüler von Emil Orlik. Nach dem Krieg, an dem er teilgenommen hat, wird er Schüler und Assistent bei Conz und Württemberger an der Akademie von Karlsruhe, wohin er 1925 eine Berufung als Professor erhält. 1933 wird er von den Nationalsozialisten gezwungen, seine Lehrtätigkeit aufzugeben. 1933–1935 führt er Arbeiten der angewandten Kunst aus, um überleben zu können. 1948 wird er wieder als Professor berufen und bleibt bis 1957 an der Akademie.
Er lebt heute in Karlsruhe.

Carl Grossberg, *Traumbild: Rotor*, Privatsammlung

Alexander Kanoldt
1881 in Karlsruhe geboren. Nach dem Studium an der dortigen Kunstakademie zieht er 1906 nach München, wo er einige Jahre später Sekretär der ›Neuen Künstlervereinigung‹ wird, zu deren Mitgliedern auch Kandinsky, Münther und Jawlensky gehörten und die 1912 aufgelöst wurde. Mit Weisgreber und Caspar gründet er im darauffolgenden Jahr die ›Neue Sezession‹ von München; er reist in die Schweiz und nach Italien. Nach dem Kriegsdienst (1914–1918) löst er sich aus der Gruppe, um zuerst an der Kasseler Akademie und dann in Breslau zu unterrichten. 1931 eröffnet er eine Privatschule in Garmisch. 1933 erhält er den Dürer-Preis und wird als Direktor an die Städtische Kunstschule in Berlin und danach an die Preußische Akademie berufen.
Alexander Kanoldt stirbt 1939 in Berlin.

Wilhelm Lachnit
1899 als Sohn eines Tischlers in Gittersee bei Dresden geboren. Ab 1918 besucht er Abendkurse an der Schule für Angewandte Kunst. Zwischen 1921 und 1923 besucht er die Akademie und wird Mitglied des revolutionären Malerverbandes ASSO und der Sezession Dresden. Während des Nationalsozialismus wird er immer wieder verhaftet und hat Ausstel-

lungsverbot. Um zu überleben, arbeitet er in Handwerks- und Industriebetrieben.
Von 1947 bis 1954 ist er Professor an der Kunsthochschule Dresden. In dieser Stadt stirbt er 1952.

Carlo Mense
1886 in Rheine, Westfalen, geboren. Nach der Akademie in Düsseldorf wird er Schüler Corinths in Berlin; 1912 beteiligt er sich an der Ausstellung der Expressionisten in Berlin und Bonn. Nach einem langen Aufenthalt in Ascona wird er nach dem Krieg Mitglied der Novembergruppe und beteiligt sich an der ersten Kollektivausstellung der Galerie Goltz in München. 1922 stellt er mit der Gruppe der ›Valori Plastici‹ in Mailand aus und wird Mitglied der ›Neuen Sezession‹ von München. 1925 wird er Professor an der Breslauer Akademie, und 1933 erhält er den Premio Roma. Während des Nationalsozialismus werden 37 seiner Werke beschlagnahmt und zerstört. Nach dem Krieg zieht er nach Honnef und hält sich wiederholt in Italien auf. Er stirbt 1965.

Kay Nebel
1880 in Loitmark geboren, besucht er die Kunst- und Handwerksschule in Berlin und unternimmt 1911 eine Reise nach Paris und Italien. 1913/14 geht er mit der Schomburgk-Expedition nach Liberia und Togo. Er wird zum Kriegsdienst eingezogen und 1915 schwer verwundet. Nach seiner Entlassung aus dem Lazarett erteilt er in Darmstadt Unterricht; ab 1920 wird er Dozent und später Professor an der Städtischen Akademie von Kassel. 1938 unternimmt er mit dem Segelboot eine Reise um das Kap Horn nach Chile; 1948 bestreitet er eine Ausstellung im Kunstverein Kassel. Er stirbt 1953.

Franz Radziwill
1895 in Strohausen geboren. Architekturstudent in Bremen, wo er in Kontakt mit Otto Modersohn, Heinrich Vogeler und Bernhard Hoetger kommt. Soldat in Rußland, Flandern und Frankreich, gerät in Gefangenschaft und wird in England interniert. Ab 1920 hält er sich wiederholt in Berlin auf und wird Mitglied der ›Freien Sezession‹ und der Novembergruppe.

Anton Räderscheidt, *Maler und Modell*, Bild ist verschollen

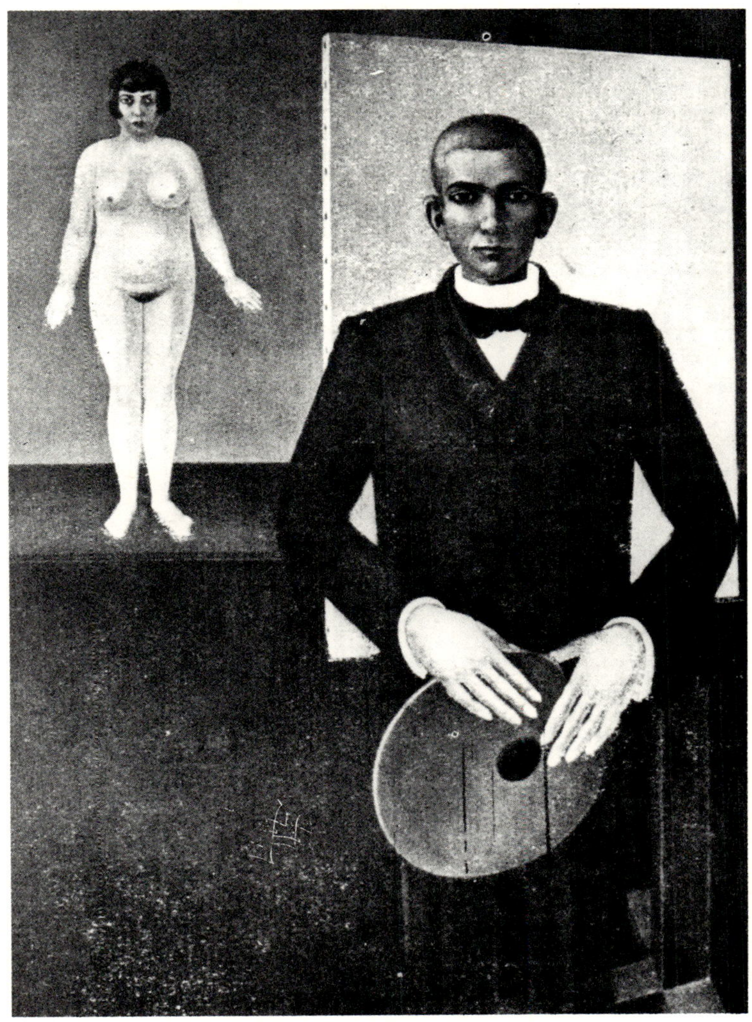

Anton Räderscheidt, *Die Begegnung*, Bild ist verschollen

1923 gibt er die Malerei auf, um sich der Literatur zu widmen, kehrt jedoch schon bald zum ersten Beruf zurück. 1927 ist er Gast von Otto Dix in dessen Atelier in Dresden. Als Professor nach Düsseldorf berufen, wird er 1935 von den Nationalsozialisten seines Amtes enthoben. 51 seiner Werke werden beschlagnahmt, und er erhält Ausstellungsverbot. Nach dem Krieg, in dem er Soldat war, finden verschiedene Ausstellungen in mehreren deutschen Städten statt; 1964 ist er Gast der Villa Massimo in Rom.

Anton Räderscheidt
1892 in Köln geboren. Studium an der Düsseldorfer Akademie. 1918 Rückkehr nach Köln, wo er in Berührung mit der Gruppe der ›Lunari‹ kommt, der Max Ernst, Otto Freundlich, Heinrich Hoerle angehörten und die sich im Café Prinzeß traf. In seinem Atelier wird die ständige Ausstellung der ›Stupid‹-Gruppe eingerichtet.
1935 ist er gezwungen, Deutschland zu verlassen und nach Paris zu gehen, wo er bis 1950 bleibt.
Fast das gesamte Werk Räderscheidts ist verloren. Er lebt heute in Köln.

Rudolf Schlichter, *Blinde Gewalt,* 1937 (Öl auf Leinwand, 180 x 100 cm), Galleria del Levante, Mailand

Karl Völker, *Christus und die Kinder, 1922* (Öl auf Leinwand)

Christian Schad
1894 in Miesbach, Bayern, geboren. Besucht für kurze Zeit die Münchner Akademie. Er trägt zu den avantgardistischen Zeitschriften ›Sirius‹, ›Aktion‹ und ›Die weißen Blätter‹ Holzschnitte bei. Zwischen 1915 und 1920 gehört er in Zürich und Genf zu den Hauptvertretern der Dada-Bewegung. Er erfindet die Schadographie. Mit einer Reise nach Italien im Jahre 1920 beginnt seine figurative Periode; die Werke aus dieser Periode werden 1927 in der Galerie Würthle, Wien, ausgestellt. Die Nationalsozialisten verbieten ihm die Beteiligung an der Großen Berliner Kunstausstellung 1934. Seit 1962 lebt er in Keinberg.

Rudolf Schlichter
1890 in Calw, Württemberg, geboren. Von 1904 bis 1906 lernt er Emailmalerei. Danach besucht er die Kunstakademie Stuttgart, die Block-Schule und die Karlsruher Akademie, wo er Schüler von Trübner und Hans Thoma ist.
1916 bis 1918 ist er Soldat. 1919 bis 1932 lebt er in Berlin, 1932 bis 1935 in Rottenberg, 1935 bis 1939 in Stuttgart und 1939 bis 1955 in München.
Er ist Mitglied der ›Neuen Gruppe‹ von München und der ›Sezession‹ von Baden.
1955 stirbt er in München.

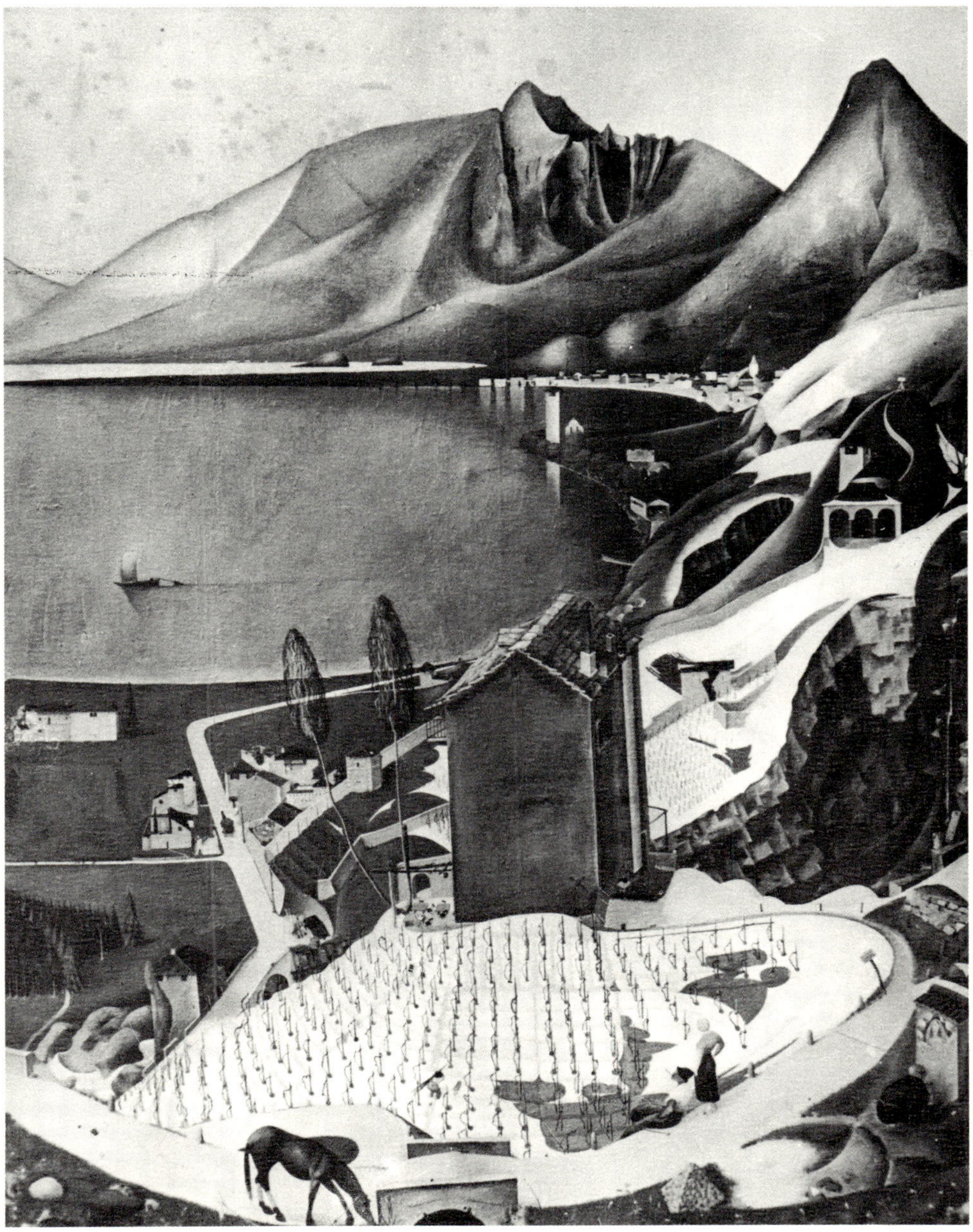

Niklaus Stöcklin, *Das rote Haus,*
Sammlung Reinhart, Winterthur

Gert Wollheim, *Abendmahl,* 1929, Bild ist verschollen

Wilhelm Schnarrenberger
1892 in Baden geboren. Er veranstaltet 1919 die erste Ausstellung in der Galerie ›Neue Kunst‹ von Hans Goltz in München. Ab 1920 lehrt er angewandte Graphik an der Kunstakademie Karlsruhe; von den Nationalsozialisten seines Amtes enthoben, zieht er nach Berlin, 1934/35 ist er in der Villa Massimo in Rom. 1938 zieht er sich in den Schwarzwald zurück, wo er bis 1947 bleibt, um dann wieder seine Aufgabe an der Karlsruher Akademie aufzunehmen. 1962 erhält er den Hans-Thoma-Preis. Er stirbt 1966.

Georg Scholz
1890 in Braunschweig geboren. Studium an den Akademien von Braunschweig und Berlin.
Von 1914 bis 1918 Soldat, ab 1923 Lehrtätigkeit in Karlsruhe; 1933 wird er von den Nationalsozialisten entlassen und zieht sich nach Waldkirch zurück, wo er 1945 stirbt.

Georg Schrimpf
1889 in München geboren. Nachdem er 13jährig den Vater verliert, wird er Bäckerlehrling in Passau; 1914 zieht er nach Ascona, wo er in Kontakt mit anarchistischen Gruppen kommt; 1915 ist er Arbeiter in einer Berliner Süßwarenfabrik und beginnt zu malen. Er lernt die Malerin Maria Uhde kennen, die 1918, nach der Geburt des gemeinsamen Sohnes, stirbt.
1920 nach München zurückgekehrt, stellt er in der ›Neuen Sezession‹ aus und geht, nachdem er in Berührung mit der

Gruppe der ›Valori Plastici‹ gekommen ist, 1922 nach Italien. Carlo Carrà schreibt eine Monographie über ihn. 1927 lehrt er Zeichnen und Dekoration in München; 1932 ist er Gast der Villa Massimo in Rom. Er stirbt 1938.

Niklaus Stöcklin
1896 in Basel geboren. Nachdem er Schüler des Basler Malers und Graphikers Burkard Mangold war, besuchte er 1914 für eine kurze Zeit die Kunsthochschule München. Nach Basel zurückgekehrt, wird er Schüler seines Onkels Heinrich Müller, der einer gegen Böcklin und Hodler ausgerichteten Künstlergruppe angehörte. 1917 hat er seine erste Ausstellung in der Basler Kunsthalle. 1925 beteiligt er sich an der Mannheimer Ausstellung. Er lebt in der Schweiz.

Karl Völker
1889 in Halle als Sohn eines Wandmalers geboren, besucht er kurze Zeit die Kunstschule und arbeitet als Dekorationsmaler in Leipzig. Er malt die Friedhofskapelle und die Rathäuser von Halle und Magdeburg aus. Ab 1919 beschäftigt er sich auch mit Architektur und Stadtplanung und malt die Decke der Kirche von Schmirma aus.
Ab 1923 beginnt er mit Holzschnitten. Zwischen 1928 und 1933 lebt er in Celle, wo er mit dem Architekten Otto Häsler zusammenarbeitet. 1933 kehrt er nach Halle zurück, wo er in Schwierigkeiten mit den Nationalsozialisten gerät. Er ist gezwungen, zur religiösen Freskenmalerei zurückzukehren. Als Soldat gerät er in den letzten Monaten in amerikanische Gefangenschaft.
Karl Völker stirbt nach dem Krieg in Halle.

Erich Wegner
1899 in Gnoien bei Mecklenburg geboren. Von 1919 bis 1921 ist er Schüler von Burger-Muehlfeld. Von 1921 bis 1925 arbeitet er für die Städtischen Bühnen Hannover. Er beteiligt sich an der Ausstellung ›Neue Sachlichkeit‹ in Amsterdam 1927. Seit 1946 ist Erich Wegner Professor in Hannover.

Gert Wollheim
1894 in Dresden geboren. Er widmet sich anfangs der Bildhauerei und besucht dann als Schüler von Ludwig von Hoffmann die Weimarer Akademie. 1920–1925 ist er in Düsseldorf, wo er dem Künstlerkreis um ›Mutter Ey‹ angehört und Verbindung mit Adler, Dix, Hoerle, Seiwert und Ernst hat. Außerdem Redakteur der Zeitschrift ›Das Junge Rheinland‹. Einige seiner Werke lösen einen Skandal aus, und er wird vor Gericht gestellt. 1925 zieht er nach Berlin. Ab 1927 ist er in Frankreich und Spanien, während des Krieges hält er sich in den Pyrenäen auf. Seit 1947 lebt er in New York.

Wladimir Zabotin
1884 in Buschinka Niemirowka geboren. Um sein in Kiew begonnenes Architekturstudium fortzusetzen, kommt er nach Karlsruhe. 1914 wird er in ein Internierungslager gesteckt, aus dem er durch die Intervention des Malers Trübner unter Polizeiaufsicht entlassen wird. Seine ersten nichtfigurativen Versuche stammen aus dem Jahre 1917. 1919 schließt er sich der ›Rih‹-Gruppe an, der Schlichter, Scholz und O. Fischer angehören, und wird Mitglied der ›Novembergruppe‹. Die Nationalsozialisten erlassen Ausstellungsverbot. 1939 flieht er nach Italien, wo er erneut verhaftet wird. 1943 befreit, zieht er nach New York.

Abbildungsverzeichnis

Tafeln

29 Anton Räderscheidt, *Selbstbildnis*, 1926 (Öl auf Leinwand, 100 x 80 cm), Sammlung S. und G. Poppe, Hamburg

30 Carl Grossberg, *Tanks*, 1933 (Öl auf Leinwand, 90 x 70 cm), Privatsammlung, Mailand

31 Carl Grossberg, *Papiermaschine*, 1934 (Öl auf Holz, 90 x 118 cm), Privatsammlung, Mailand

32 Carl Grossberg, *Fertighaus* (Öl auf Holz), Privatsammlung, München

33 Anton Räderscheidt, *Das Haus Nr. 9*, 1921 (Öl auf Holz, 65 x 55 cm), Sammlung Dr. Bergfeld, Lüdenscheid

34 Alexander Kanoldt, *Winterlandschaft*, 1921 (70,5 x 91 cm), Staatsgalerie, Stuttgart

35 Alexander Kanoldt, *Stilleben vor blauem Hintergrund*, Staatliche Kunstsammlungen, Gemäldegalerie Neue Meister, Dresden (Foto: Reinhold)

36 Carlo Mense, *Mädchenbildnis (Inge)*, 1926 (83,5 x 60 cm), Staatliche Museen Preußischer Kulturbesitz, Nationalgalerie, Berlin

37 Heinrich Davringhausen, *Der Schieber*, 1921 (Öl auf Leinwand, 120 x 120 cm), Privatsammlung, Köln

38 Wilhelm Lachnit, *Mädchen im Pelz*, 1925 (Öl auf Leinwand, 120 x 67 cm), Staatliche Kunstsammlungen, Gemäldegalerie Neue Meister, Dresden (Foto: Reinhold)

39 Wilhelm Lachnit, *Der traurige Frühling*, 1933 (Öl auf Holz, 35 x 29 cm), Staatliche Museen Preußischer Kulturbesitz, Nationalgalerie, Berlin

40 Kay Nebel, *Zirkus*, 1920 (Öl auf Leinwand, 78 x 43 cm), Privatsammlung, Mailand

41 Reinhold Nägele, *Eisenbahn*, 1922 (Tempera auf Karton, 55,5 x 36 cm), Staatliche Museen Preußischer Kulturbesitz, Nationalgalerie, Berlin

42 Reinhold Nägele, *Neubauten am Weißenhof*, 1927 (Tempera auf Karton, 31,5 x 50 cm), Staatsgalerie, Stuttgart

43 Erich Wegner, *Leuchtturm*, um 1925 (Öl auf Leinwand, 68 x 85 cm), Privatsammlung, Hannover

44 Georg Schrimpf, *Mutter und Kind*, 1919 (Öl auf Leinwand, 65 x 47 cm), Sammlung Klaus und Helga Hegewisch, Hamburg

45 Franz Radziwill, *Freundinnen*, 1929 (Öl auf Leinwand, 79 x 100 cm), Privatsammlung, Mailand

46 Franz Radziwill, *Der Läufer von Scoorl*, 1927 (Öl auf Holz, 80 x 100 cm), Privatsammlung, München

47 Franz Radziwill, *Sonntag im Dorf* (Öl auf Holz, 95 x 116 cm), Privatsammlung, Mailand

48 Gert Wollheim, *Abschied von Düsseldorf*, 1924 (Öl auf Leinwand, 160 x 185 cm), Kunstmuseum, Düsseldorf

49 Wilhelm Schnarrenberger, *Mädchen mit Zigarette*, 1928 (Öl auf Leinwand, 77 x 62 cm), Sammlung Schnarrenberger, Karlsruhe

50 Wilhelm Schnarrenberger, *Selbstbildnis im Atelier*, 1928 (Öl auf Leinwand, 90 x 115 cm), Sammlung Schnarrenberger, Karlsruhe

51 Christian Schad, *Porträt Ludwig Bäumer*, 1927 (Öl auf Holz, 70 x 60 cm), Privatsammlung, Mailand

52 Christian Schad, *Selbstbildnis*, 1927 (Öl auf Holz, 76 x 61,5 cm), Sammlung S. und G. Poppe, Hamburg

53 Albert Heinrich, *Mädchen im Sessel*, 1925–1927 (Öl auf Leinwand, 165 x 104 cm), Galleria del Levante, Mailand, München

54 Niklaus Stöcklin, *Vorstellung*, 1922 (Öl auf Leinwand), Kunstverein, Winterthur

55 Niklaus Stöcklin, *Rheinische Gasse*, 1917, Öffentliche Kunstsammlungen, Basel (Foto: Hinz)

56 Georg Scholz, *Ansicht von Grötzingen bei Durlach*, 1925 (Öl auf Holz, 70 x 100 cm), Städtische Kunsthalle, Mannheim

57 Wilhelm Heise, *Stiglmaierplatz in München*, Ausschnitt, 1935 (Öl auf Holz, 107 x 122 cm), Stadtmuseum, München

58 Wilhelm Heise, *Abschied vom Sommer*, 1929 (Öl auf Holz, 60 x 41 cm), Bayerische Staatsgemäldesammlungen, München (Foto: Blauel)

59 Herbert Ploberger, *Stilleben*, 1926, Privatsammlung, München

60 Grethe Jürgens, *Frisierpuppen*, 1927 (Öl auf Leinwand, 96,5 x 59 cm), Sammlung O. H. Dürrmeier, Hannover

Bibliographie

O. M. Graf, *H. M. Davringhausen*, in ›Jahrbuch der Jungen Kunst‹, 1924

F. Hartlaub, Katalog der Ausstellung ›Neue Sachlichkeit‹, Mannheim 1925

F. Roh, *Nachexpressionismus – Magischer Realismus*, Leipzig 1925

E. Utitz, *Die Überwindung des Expressionismus*, Stuttgart 1927

P. Westheim (Hrsg.), ›Das Kunstblatt‹, 1918—1928

›Kunst der Zeit‹ — Sondernummer: ›Die 20er Jahre. Novembergruppe‹, Nr. 1–3, 1928

K. Niehaus, Katalog der Ausstellung ›Neue Sachlichkeit‹, Amsterdam 1929

M. Pfortner, *Georg Schrimpf*, Berlin 1940

F. Schmalenbach, *Kunsthistorische Studien*, Basel 1941

F. Krause, V. Dirkens, *Carl Grossberg*, Dortmund 1942

M. Sauerlandt, *Die Kunst der letzten 30er Jahre*, Hamburg 1948

F. Hartlaub, *Fragen an die Kunst*, Stuttgart

W. Haftmann, *Malerei im 20. Jahrhundert*, München 1954

K. A. R. Hans-Thoma-Gesellschaft, *Carlo Mense*, Berlin 1957

E. Frommhold, *Hans Grundig*, Dresden 1958

F. Roh, *Karl Günther*, in ›Katalog Galerie Nierendorf‹

F. Roh, *Geschichte der Deutschen Kunst von 1900 bis zur Gegenwart*, München 1958

M. de Micheli, *Le avanguardie artistiche del '900*, Mailand 1959

B. S. Myers, *La Pittura dell'Espressionismo*, Mailand 1960

E. Marx, Katalog der Ausstellung ›Neue Sachlichkeit‹, Berlin 1961

R. Hiepe, *Karl Hubbuch*, Dresden 1961

I. Schulze, *Karl Völker*, Halle-Wittenberg 1961

Piscator, Ahlers, Hestermann, *George Grosz*, in ›Katalog der Akademie der Künste‹, Berlin 1962

J. Thorbecke, *Reinhold Nägele*, Konstanz 1962

F. A. Dargel, *Gustav Wunderwald*, in ›Katalog der Ausstellung im Haus am Lützowplatz‹, Berlin 1962

H. G. Meyer, Katalog der Ausstellung ›Die 20er Jahre in Hannover‹, Hannover 1962

H. Goettl, *Wladimir Zabotin*, in ›Tendenzen Nr. 20‹ München 1963

P. Chiarini, *Caos e Geometria*, Florenz 1964

W. Augustiny, *Franz Radziwill*, Göttingen 1964

K. F. Ertel, *Gert Wollheim*, in ›Die Kunst und das schöne Heim‹, München 1964

L. Mittner, *L'Espressionismo*, Bari 1965

D. Schmidt, *Manifeste 1905–1933*, Dresden 1965

H. Peters, *Conrad Felixmüller*, in ›Katalog der Ausstellung in der Galerie Nierendorf‹, Berlin 1965

Otto Griebel, in ›Katalog der Ausstellung im Museum für Stadtgeschichte‹, Dresden 1965

H. Schmitt-Rost, *Heinrich Hoerle*, Recklinghausen 1965

H. Goettl, *Wilhelm Schnarrenberger*, in ›Tendenzen Nr. 35‹, München 1965

D. Schmidt, *Wilhelm Heise*, in ›Katalog der Großen Kunstausstellung München‹, München 1966

R. Riester, *Alexander Kanoldt*, in ›Katalog der Ausstellung in der Stadthalle‹, Freiburg 1966

Uhlitzsch, Loffler, Schumann, *Wilhelm Lachnit*, in ›Katalog der Ausstellung im Albertinum‹, Dresden 1966

Bild der Klasse, in ›Die deutsche Arbeiterklasse in der Bildenden Kunst‹, Berlin 1967

G. Aust, Katalog der Ausstellung ›Magischer Realismus in Deutschland 1920–1933‹, Wuppertal 1967

F. Loffler, *Otto Dix*, Wien, München 1967

T. Feldenkirchen, *Anton Räderscheidt*, in ›Katalog der Ausstellung im Kölnischen Kunstverein‹, 1967

B. Remszhard, *Christian Schad*, in ›Katalog Städtisches Museum‹, Braunschweig

E. Bertonati, Katalog der Ausstellung ›Aspetti della Nuova Oggettività‹, Mailand 1968

H. Platte, J. Uhlitzsch, *Realismus in der Malerei der 20er Jahre*, Hamburg 1968

E. Rathke, *Metafisica e Realismo Magico in Germania*, in ›Metafisica‹, Mailand 1968

H. Heinz, *Curt Querner*, Dresden 1968

W. Schmied, *Neue Sachlichkeit und Magischer Realismus in Deutschland 1918–1933*, Hannover 1969